REISVERHALEN SCHRIJVEN

JAN DONKERS

Reisverhalen schrijven

Uitgeverij Atlas Contact
Antwerpen/Amsterdam

Eerste druk juni 2008
Tweede druk februari 2014

Omslagontwerp en typografie Sander Pinkse Boekproductie

ISBN 978 90 457 0597 2
NUR 624

www.atlascontact.nl

Inhoud

HOOFDSTUK 1

Inleiding

In *Anatomy of Restlessness*, een postume bundeling van zijn verspreide geschriften, deelde Bruce Chatwin de schrijverspopulatie, of in zijn woorden 'degenen die zich vermeten boeken te schrijven', op in twee categorieën: 'zij die zich "ingraven" en zij die in beweging moeten blijven'. (Voor bibliografische informatie over de genoemde boeken: zie achterin.)

Er zijn schrijvers, zo betoogt hij, die alleen thuis kunnen functioneren, met de juiste stoel, planken vol woordenboeken en encyclopedieën en hun wordprocessor. 'En er zijn degenen, zoals ik, die door "thuis" verlamd worden, voor wie thuis synoniem is met het spreekwoordelijke writers's block, en die zo naïef zijn om te denken dat alles in orde zou zijn als zij maar ergens anders waren.' In de eerste categorie deelt Chatwin dan Flaubert, Tolstoj, Zola, Poe en Proust in. In de tweede, de 'movers', Melville, Hemingway, Gogol en Dostojevski, 'van wie het leven noodgedwongen of uit vrije wil één rusteloze tocht was langs hotels en huurkamers – of in het geval van laatstgenoemde, een gevangenis in Siberië'.

Nu valt er op elke dichotomie wel iets aan te merken, en zo ook op deze. Zo schreef Flaubert behalve zijn klassieke romans ook een fenomenaal reisverslag over het Midden-Oosten. Maar Chatwins manier van onderscheiden helpt ons wel op weg, en het feit dat je dit boek in handen houdt is al een indicatie dat je je meer tot het tweede type aangetrokken voelt dan tot het eerste.

In datzelfde boek beschrijft hij hoe hij ooit begon aan een 'heel ambitieus en onverdraagzaam boek', een soort *Anatomie van de rusteloosheid.* 'De gedachtegang was ongeveer als volgt: bij onze ontwikkeling tot mens hebben wij tezamen met de rechtopstaande houding en de stapsgewijze voortbeweging ook een "drift" of een instinct gekregen om in alle jaargetijden lange afstanden te lopen; deze "drift" was onafscheidelijk verbonden met het centrale zenuwstelsel; deze "drift" zocht zich een uitlaat in geweld, hebzucht, streven naar status of dwangmatig verlangen naar nieuwe dingen, zodra de mens gedwongen werd zich op één plek te vestigen. Dat zou verklaren waarom rondreizende gemeenschappen als zigeuners gekenmerkt werden door onderlinge gelijkheid, bezitloosheid en weerstand tegen verandering; en ook waarom alle grote leermeesters – de Boeddha, Lao-tse, Sint-Franciscus – om de harmonie van de oerstaat te herstellen de altijddurende pelgrimage tot de kern van hun leer hadden gemaakt en hun volgelingen letterlijk voorhielden om de Weg te gaan.'

Het boek kwam er nooit, werd wel ooit geschreven maar was zo overduidelijk onpublicabel dat Chatwin zijn poging opgaf. Wat resteert is het verslag van zijn poging, onder dezelfde titel.

Op het moment dat ik dit schrijf is de rusteloosheid waar Chatwin van getuigt bij mij wat minder geworden, louter en alleen om redenen van verzadiging en ouderdom; anders gezegd, de hoeveelheid plekken waar ik oprecht nieuwsgierig naar ben is minder geworden. Maar dat ik tot de tweede categorie behoor en altijd heb behoord is niet meer te ontkennen. Er zijn weinig momenten (een paar verliefdheden, een paar geboortes uitgezonderd) dat ik zo'n intens gevoel van geluk ervoer als wanneer ik op reis kon achteroverleunen, in bus, trein, boot of vliegtuig, of juist op de gaspedaal ging trappen, in de wetenschap dat ik over x uur in Pagan (of vul maar in: Budapest, Hongkong, Sydney, Pórto Alegre, Bilbao, Nižni Novgorod, Ameland, Bandung, Machu Picchu) zou arriveren.

Neem die laatste bestemming. Nu ik de regels opnieuw typ voel ik nog de opwinding die ik voelde terwijl ik de aantekeningen maakte. 'Het is nog vroeg in de ochtend als de trein zich voor het eerst in beweging zet. De honden rekken zich uit in de eerste zonnestralen. Mannen, weggedoken in jacks of dikke truien, komen geeuwend hun hutten uit en drukken hun oren dicht tegen het ratelen van de langskomende wagons. Vrouwen tappen water en binden gewassen bij elkaar om naar de markt te torsen. En op hun rug, boven op een paar kilo aardappelen, dragen ze ook nog hun kinderen. Geen meter ligt horizontaal, ook van de kleine akkertjes niet, de modderige voetbalveldjes, de funderingen van onafgemaakte huizen. Het hele landschap is in beweging. De trein hijst zich zwoegend, zigzagsgewijs het dal uit, kop wordt staart, en staart wordt weer kop. Maar dan liggen de buitenwijken van Cuzco bijna achter ons en wordt de bewoning schaarser. De tocht duurt nog lang. Voor ons ligt eerst de hoogvlakte, daarna het ravijn van de Urubamba en dan pas Machu Picchu. Aangezien we het hebben over het jaar 2000 en over Peru, kan de reiziger deze tocht ook nog eens ondergaan met in zijn ene hand een bekertje cocathee en in zijn andere de faxeditie van *The New York Times* van die ochtend.'

Vaak begon dat gevoel van opwinding, dat deels ook onthechting is, al wanneer ik de douane op Schiphol was gepasseerd. Mobiele telefoons zijn tegenwoordig meer een hindernis dan een hulpmiddel, maar je kunt ze uitschakelen, en dan is er dat heerlijke gevoel: niemand weet waar ik ben, niemand weet me te vinden, niemand weet me te claimen, niemand behalve ikzelf kan beslag leggen op mijn tijd, inzet, op de focus van mijn belangstelling.

Is het geluk of is het opwinding? Allebei? Waar scheiden die twee zich? Het is voor mij in elk geval een van de meest primaire gelukservaringen die er bestaan, zo primair dat het pas na jaren van reizen tot me doordrong dat ik die niet deelde met al mijn medebewoners van deze planeet. Ik kon het eenvoudigweg niet geloven, dat mijn buurman niet net zo nieuwsgierig was naar Addis Abeba als ik. Wat hielp was dat ik al op betrekkelijk jonge leeftijd in de gelegenheid werd gesteld diverse media voor mijn reizen te laten betalen. Dat is een aangename bijkomstigheid geweest, maar niet bepalend voor mijn drang om te reizen. Het heeft wel mijn actieradius in de loop der decennia aanmerkelijk vergroot.

Als je kijkt naar de hoeveelheid artikelen en tv-programma's die ons tegenwoordig berichten over exotische plekken, de verkoopcijfers van reisliteratuur en -gidsen, de bijna niet te bevatten hoeveelheid materiaal over reizen op het internet, de weblogs en internetsites waarop al die reizigers hun ervaringen delen, zou je denken dat heel Nederland permanent in de startblokken staat om vooral zo veel mogelijk en zo ver mogelijk te reizen. En niet om *frequent flyer miles* te vergaren – maar er dikwijls over te schrijven, al is het maar voor de intimi.

'Toch wel een paar per dag – en dan bedoel ik elke dag,' antwoordde de ex-redacteur van een van Nederlands bekendste glossy's op mijn vraag hoeveel aanbiedingen hij kreeg van reizigers die graag hun ervaringen van een aanstaande of zojuist volbrachte reis met de lezers van zijn prachtblad wilden delen. 'Dat ging dan doorgaans in de trant van: ik ben van plan een voetreis van Omsk naar Tomsk te maken en daar een dagboek van bij te houden. Zou dat misschien van interesse kunnen zijn voor uw lezers? Ons standaardantwoord was: stuurt u ons vooral uw kopij op als u in Tomsk bent gearriveerd. Dan zien we wel weer. Maar het gebeurde hoogst, hoogst zelden dat er iets bij zat waar we gebruik van wilden maken.'

Dit is niet bedoeld als ontmoediging, maar als een beroep op realisme. Als het waar is dat er wel een miljoen Nederlanders in de startblokken staan om een boek te schrijven, dan zullen van hen misschien wel enkele honderdduizenden staan te popelen om een reisboek te schrijven, of op zijn minst reisverhalen. Het is natuurlijk het genre dat het meest romantisch aandoet: op reis gaan en er nog voor betaald worden ook. Maar die opwinding is bepaald niet universeel; ook bij ons zijn er veel schrijvers die al beginnen te hyperventileren zodra ze in zuidelijke richting Breda zijn gepasseerd, zoals er ook schrijvers zijn die de nieuwsgierigheid ontberen die voor reisverhalen een absolute en eerste noodzakelijkheid is.

Hoe zou het eigenlijk komen dat de drang om over je reizen te schrijven zo enorm groot is, en alleen maar lijkt toe te nemen? Immers: de romantiek van het reizen is aanzienlijk minder geworden. De tijden van de avontuurlijke Britse reizigers uit de victoriaanse tijd, die met hun bedienden en een karavaan aan levensbenodigdheden de jungle in trokken, voor maandenlang op weg naar het onbekende, zijn voorbij. De wereld is, zeker de laatste decennia, steeds kleiner geworden, en het wordt steeds moeilijker met nieuwe invalshoeken te komen, met plekken waarover nog maar weinig bekend is. Alles is bekend en beschreven, overal vind je toeristen of althans westerse reizigers. De gênante beelden van tot voor kort in isolement functionerende stammen die een karikaturale versie van hun oogst- of paringsrituelen opvoeren ten overstaan van een buslading westerlingen met obesitas, uitgerust met foto- en videoapparatuur ter waarde van het gehele bnp van het land waar ze zich bevinden, stemmen niet vrolijk.

Overigens moeten we over die verwoestende, nivellerende werkingen van het toerisme niet alleen maar lamenteren. Zonder toerisme zou er in Afrika misschien al geen olifant en neushoorn meer in leven zijn, en zouden veel meer ranches in het allang niet meer wilde Westen van Amerika en Canada kopjeonder zijn gegaan dan nu al het geval is.

Van al die reizigers voelt niemand zich een massatoerist. 'Het massatoerisme, dat zijn de anderen,' schreef Ellen de Bruin in een NRC-special over wereldreizen (van 5 januari 2008). 'Wij verbeelden ons liever dat we *beter* zijn. En dan niet per se beter op een Al Goremanier, zo van: wij verwoesten de aarde niet met ons gereis en gevlieg (al zijn we niet te beroerd om dat argument in te zetten, ook als het niet klopt). Nee, we zijn beter op een *je ne sais quoi*-manier. We zijn geen toeristen, we reizen. We zijn fijnzinniger dan toeristen. Net wat bijzonderder. Denken we graag. Ten onrechte natuurlijk. Dat denkt iedereen.'

De Bruin noemt als metafoor de mythe van het perfecte stille strandje. 'Parelwit zand, azuurblauwe zee, het hele jaar door een fijne temperatuur. Dan komen de eerste reizigers. Ze eten vis, drinken kokosmelk, slapen op het strand. Eenmaal thuis vertellen ze over het strandje. Sommigen schrijven er zelfs boeken over met romantische titels als *Rough Guide* of *Lonely Planet* of *Let's Go*. Dat lokt een volgende groep reizigers uit, op zoek naar avontuur, stilte, goedkoopte en het perfecte strandje.' En daarmee wordt dat perfecte strandje een heel ander strandje dan vroeger. 'Want er komen steeds comfortabelere en goedkopere manieren van reizen, meer restaurants en winkels, grotere hotels, animatieprogramma's voor kinderen en volwassenen en openluchtdisco's op loopafstand. [...] Intussen zijn de avontuurlijke reizigers alweer op zoek naar een plek waar nog geen toeristen zijn, desnoods zelfs geen strand, maar wel iets bijzonders: hoge bergen, diepe zeeën, voorbije beschavingen, uitgestrekte ijsvlaktes, primitieve samenlevingen, rijke landen met een andere cultuur, grote hoeveelheden natuur met vijf verschillende grote dieren erin, landen die hun laatste slechte regering nog niet te boven zijn. Kortom, inmiddels de hele wereld. In feite is alle toerisme massatoerisme geworden: het rondpompen van rijke mensen over de aardbol. We noemen het alleen liever niet zo als het over onszelf gaat.' Aardig is om te zien hoe de redactie van die special het niet helemaal kon laten te denken dat ook zij toch weer allerlei bijzonders hadden ontdekt. Immers: NRC-lezers zijn toch geen massatoeristen? 'Waar de massa bleef staan, liepen wij nog even door.'

'Het is onmogelijk om nog spontaan op reis te gaan,' schreef Ton Lemaire in *Binnenwegen*. 'De frisheid van het begin is verdwenen en wat overblijft is een soort van nostalgie naar het echte reizen, toen Europa nog jong genoeg was om uit zichzelf te kunnen treden en de wereld nog nauwelijks door haar invloed was veranderd.' Ik vind dit iets te pessimistisch geformuleerd, maar het zoeken naar een nieuwe *angle* is steeds meer een noodzakelijkheid geworden voor wie over reizen wil schrijven. We weten al zoveel meer van de wereld dan vorige generaties. Er worden nog steeds talloze reisbijlagen en vooral tv-programma's gemaakt waarin het wiel opnieuw wordt uitgevonden, maar het is ook moeilijker iets nieuws te vertellen. Dat de Grand Canyon overweldigend is, Shanghai aan een duizelingwekkende transformatie bezig is en de outbacks van Australië hoofdzakelijk uit leegte bestaan, dat weten we nu wel.

Of: weten we dat nu wel? Wanneer je je even verdiept in hoe de reisjournalistiek bijvoorbeeld op de tv wordt bedreven slaat je de klamme schrik om het hart, want hoeveel erger kan het worden? Degelijke programma's op kanalen als Discovery Channel en National Geographic Channel niet meegerekend is het van een grote verveling, vervat in zogenaamd mooie plaatjes en huiveringwekkende clichés. Wat vooral in deze programma's lijkt te ontbreken is nieuwsgierigheid, die allereerste vereiste voor een reisjournalist of -schrijver. Nooit lijkt iemand er in zo'n ploeg behoefte aan te hebben het antwoord te weten op wat mij de essentiële vraag lijkt wanneer een reiziger ergens arriveert: hoe is het zo geworden als het nu is?

De voormalige tv-recensent Wim de Jong van *de Volkskrant* heeft meer geduld gehad en blijkbaar een hoop van deze programma's uitgezeten, en dus hoef ik gelukkig mijn eigen woorden hier niet te kiezen. Zijn oordeel was vernietigend. 'Kijk bijvoorbeeld naar het in samenwerking met de KRO gemaakte *3 op reis*,' schrijft hij in *de Volkskrant* van 27 november 2007. 'Voor een Balkenende-plus-salaris werd Floortje Dessing van

RTL weggekocht om een reisserie voor jongeren op het derde net te gaan maken. Die transfer levert een vooralsnog braaf en gezapig programma op, waarin een heleboel reisuurtjes zijn gepropt maar waarin ook niets van enige betekenis of oorspronkelijkheid gebeurt. Voor *3 op reis* bedacht Dessing zichzelf met een trip van twee maanden van Amsterdam naar Bhutan. Sebastiaan Labrie trekt door onbekend Europa. En BN'ers (daar zijn ze weer!) mogen met een cameraploegje naar paradijzen als Costa Rica voor een praatje en een plaatje. In een paar minuten ben je met zo'n onderwerp uit en thuis. [...] "Het oude centrum van Dubrovnik is een waar openluchtmuseum." Kroatië is een "sfeervol" land om in te "toeren" en sommige stops onderweg zijn "erg geschikt voor mensen die van een bruisend nachtleven houden". Zulke teksten dus. Met de bijbehorende zonsondergangen en vergezichten en maar héél weinig journalistieke substantie. De uitspraak van Marcel Proust dat "de ware ontdekkingsreis er niet uit bestaat dat je naar nieuwe landschappen op zoek gaat, als wel dat je met nieuwe ogen kijkt", lijkt de makers van *3 op reis* geen seconde door het hoofd te hebben gespeeld.'

Tot zover Wim de Jong. Ik heb er niets aan toe te voegen. Het enige dat de makers van dergelijke programma's lijkt te motiveren is het aantrekkelijke vooruitzicht dat je op reis gaat en er óók nog voor betaald wordt. Dat dit in de praktijk maar voor een betrekkelijk kleine groep reizende auteurs opgaat, hoef ik hier niet uit te leggen. Maar dat Nederland enkele voortreffelijke reisschrijvers heeft, die zich op zijn minst kunnen meten met de grote buitenlandse voorbeelden, staat buiten kijf.

Bovendien zijn Nederlandse consumenten van oudsher niet alleen lezers maar ook reizigers. Nederlandse reizigers vind je overal ter wereld, de nieuwsgierigheid en avontuurzucht zijn ons, zo lijkt het wel, aangeboren. Kijk naar onze literatuur: die telt ook, als ik me niet vergis, een buitenproportioneel groot aantal romans en verhalen die zich buiten de eigen landsgrenzen afspelen. Maar ons taalgebied is betrekkelijk klein en dat maakt de kans om al reizende ook werkelijk geld te verdienen een stuk minder groot.

Een andere aantrekkelijke kant van het reisschrijven is dat de angst voor het lege papier, of tegenwoordig voor het lege scherm, althans in theorie een stuk minder hoort te zijn. Je stapt uit de trein of uit je hotel en je kunt beginnen met aantekeningen maken. Je reist naar je materiaal toe, hoeft het niet te verzinnen, de indrukken komen vanzelf, de geur van het vreemde, onbekende zet je pen als vanzelf in beweging.

Voor het schrijven van reisverhalen gelden veel van dezelfde wetten die ook voor het schrijven van andere verhalen gelden. Veel aanbevelingen op het gebied van stijl, focus, opbouw, spanningsboog, et cetera, vind je in andere delen van deze Schrijfbibliotheek terug. Dat is de reden dat ik daar in dit deel maar in beperkte mate op in zal gaan. Ik wil wel proberen enkele genres te onderscheiden en een aantal wenken te geven die gelden voor de reisjournalistiek én het persoonlijke reisverslag. Ik wil een aantal voorbeelden geven van hoe de mensen die ik als grote reisschrijvers beschouw te werk zijn gegaan, en laten zien hoe een onorthodoxe manier van reizen soms tot verrassende resultaten kan leiden. Ik wil wat praktische tips geven wat betreft de voorbereiding op de reis, hoe je te werk kan gaan als je je indrukken wilt publiceren en hoe die uit te werken opdat die schrijfsels een zo groot mogelijke kans maken gepubliceerd te worden.

En ten slotte laat ik, om het de eigenwijze lezer (en dat zijn ze hopelijk allemaal) makkelijker te maken, zien dat alle raadgevingen ook in de wind geslagen kunnen worden. Want reisschrijven heeft met andere vormen van literatuur en journalistiek gemeen dat er weliswaar legio richtlijnen, aanbevelingen en tips te geven zijn, maar dat werkelijk talent zich niet door wetten laat regeren.

HOOFDSTUK 2

De rustelozen

WIE GINGEN JE VOOR?

In het hiervoor genoemde *Anatomy of Restlessness* refereert Bruce Chatwin, die door Peter Levi in *The Independent* de 'best travel writer of his generation' werd genoemd, aan een van de meest geciteerde regels uit de *Pensées* van Blaise Pascal, over 'the man sitting quietly in his room'. Het is een citaat dat altijd enigszins uit zijn verband wordt gehaald, maar dat voor veel hedendaagse lezers het enige is dat ze van Pascal nog kennen.

De uitspraak is te vinden onder Artikel 2 van Pascals *Gedachten*, getiteld 'Ellende van de mens zonder God', punt 81, met als titel 'Verstrooiing'. Het is misschien goed de alinea hier in zijn geheel te citeren: 'Wanneer ik mij er af en toe eens toe zette om over het drukke gedoe van de mensen na te denken, over de gevaren en moeilijkheden waaraan zij zich blootstellen, aan het hof, in de oorlog, waar zoveel twisten, hartstochten, gewaagde en dikwijls hachelijke ondernemingen ontstaan, ontdekte ik *dat alle ellende van de mensen alleen daaruit voortkomt, dat zij niet rustig in een kamer kunnen blijven.*' (cursivering van mij, JD) Pascal vervolgt dan: 'Iemand die voldoende heeft om van te leven en de kunst verstaat om met genoegen thuis te zitten, zal niet uitgaan om zich naar zee te begeven of een vesting te belegeren.'

Zich niet naar zee te begeven of een vesting te belegeren! Daar zit nogal wat verschil tussen. Maar we hebben het hier over een gedachte die meer dan drieënhalve eeuw geleden werd geformuleerd, en toen was 'zich naar zee begeven' een bezigheid die met evenveel avontuur, en wellicht ook veroveringsdrift gepaard ging als het belegeren van een vesting.

Dat Chatwin het niet met Pascal eens is, zal duidelijk zijn. 'Wij zitten veel te lang in kamers met gesloten luiken,' zo schreef hij in zijn essay 'It's a Nomad *Nomad* World'. (In: *Anatomie van de rusteloosheid*) 'De man die stil in een kamer met gesloten luiken zit, wordt waarschijnlijk gek, gekweld door hallucinaties en introspectie.'

Chatwin haalt er nogal wat willekeurig bijeengeplukt bewijsmateriaal voor zijn standpunt bij. 'Een paar Amerikaanse hersenspecialisten hebben bij reizigers encefalografische metingen verricht. Zij stelden vast dat verandering van omgeving en besef van de seizoenswisselingen door het jaar heen de werking van de hersenen stimuleerden en daardoor bijdroegen aan een gevoel van welbevinden en een actief levensdoel.' Een andere studie suggereert dat kinderen die 'in torenflats opgesloten zitten het risico lopen dat zij achterblijven in geestelijke ontwikkeling'.

Nee, dan Ibn Battoeta, 'de onvermoeibare Arabische zwerver die uitsluitend voor zijn plezier van Tanger heen en weer naar China liep. Hij die niet reist kent de waarde van mensen niet,' zei hij, en Chatwin is het duidelijk met hem eens, zoals hij ook instemmend Robert Burton citeert, die in zijn *Anatomy of Melancholy* beweging 'het beste geneesmiddel tegen melancholie' noemt. 'De hemelen zelf draaien voortdurend rond, de zon rijst en gaat onder, de maan wast en neemt af, sterren en planeten gaan voort in hun constante beweging, de lucht wordt door de winden bewogen, de wateren stromen van eb naar vloed [...] om ons te leren dat we eeuwig in beweging moeten blijven.' (Ook geciteerd in het aardige *Over de grens, filosofie op reis* van Carolien van Bergen, waarin zij onder andere de interessante vraag stelt waarom de Dam in Amsterdam wel een toeristenattractie is, en de Dienst Parkeerbeheer niet.)

Ook roemt Chatwin het 'kosmopolitisch scepticisme van

Montaigne', die reizen zag als 'een nuttige bezigheid: de geest wordt voortdurend geprikkeld door het zien van nieuwe en onbekende dingen [...] Geen enkele bewering verbaast mij, geen overtuiging kwetst mij, hoezeer die ook van de mijne verschilt [...] Ik neem minder aanstoot aan de wilden die de lichamen van hun doden roosteren en opeten dan aan hen die de levenden vervolgen.' Gewoonte, zo vervolgde hij, en een vastgeroeste geesteshouding stompen de zintuigen af en verhullen de ware aard der dingen. De mens is van nature nieuwsgierig.

Is dat laatste nu wel zo? Ik waag het te betwijfelen. Lang niet iedereen is zo nieuwsgierig dat wat er om hem heen gebeurt interesse bij hem oproept, ook niet op reis. En zelfs onder hen die beroepshalve reizen (bekijk bijvoorbeeld eens een aantal willekeurige tv-programma's die als reisverslagen moeten gelden, zie het vorige hoofdstuk) zijn er die echte nieuwsgierigheid in hoge mate missen.

Wie in elk geval heel weinig vertrouwen had in de nieuwsgierigheid der mensen was de man die ik de grootste contemporaine reisschrijver vind, de in januari 2007 overleden Pool Ryszard Kapuściński. Ik kom op hem terug via een klassiek-Griekse omweg.

Als eerste reisschrijver wordt dikwijls de Griekse historicus Herodotos genoemd, in wiens *Historiën*, uit 440 voor Christus, uitgebreide beschrijvingen van plekken en gewoontes van landen ver verwijderd van zijn eigen Griekenland te vinden zijn. Het boek is in het Nederlands verschenen, maar voor wie het geduid wil zien en ingepast als inspiratie in zijn oeuvre, raad ik *Reizen met Herodotos* aan van Kapuściński. De man die later de meester van het reisschrijven zou worden, begon zijn carrière bij de krant *Vaandel van de jeugd*, onder het communistische bewind in Polen. Zijn journalistieke expedities voerden hem soms naar dorpjes bij de grens en de aanblik van de grensstrook maakte vragen in hem los die de rest van zijn loopbaan zouden bepalen. 'Ik vroeg me af wat je meemaakte als je een grens overstak. Wat voelde je? Wat dacht je? Het moest een moment van grote emotie, ontroering, spanning zijn. Hoe was het aan de andere kant? Vast anders. Maar wat betekende dat – anders? Hoe zag het eruit? Waar leek het op? [...] Maar in de grond was mijn grootste wens, die mij niet met rust liet, die lokte en jeukte, zelfs bescheiden, want het ging mij maar om één ding, om het moment zelf, om de daad, de eenvoudigste daad van het *overschrijden van de grens.*'

Toen Kapuściński de vermetelheid wist op te brengen de hoofdredacteur van zijn krant te zeggen dat hij wel eens een keer naar het buitenland zou willen noemde hij beschroomd Tsjechoslowakije, een niet al te ver weg gelegen communistische heilstaat. 'Want het ging mij helemaal niet om Parijs of Londen, die dingen [...] interesseerden me niet eens, mij ging het er alleen om ergens een *grens te overschrijden*, maakt niet uit welke...'

Een jaar later was het zover en werd hij naar... India gestuurd! *And you had to pray for rain,* zoals de vrouw tegen de man zegt in de beroemde *New Yorker*-cartoon (waarop men hen samen op het dak van een door een zondvloed omgeven huis ziet zitten). Kapuściński's eerste reis werd allesbehalve een succes, hij leerde dat 'zonder de taal de wereld ondoordringbaar en onbevattelijk zou blijven' (hij sprak toen nog nauwelijks Engels) en dat was een les in nederigheid. Hij keerde 'beschaamd door gebrek aan kennis, onbelezenheid en onwetendheid terug van de reis'.

Maar er volgden vele andere reizen en telkens had Kapuściński de lijvige *Historiën* van Herodotos in zijn bagage. Dat begint met de zin: 'Herodotos uit Halikarnassos heeft dit verslag van zijn onderzoek gemaakt om de daden der mensheid niet aan de vergetelheid prijs te geven [...] Daarbij komt voornamelijk aan de orde door welke oorzaak de Grieken en andere volken met elkaar in conflict zijn gekomen.'

Traveling on a theme dus, zoals bijna tweeënhalve eeuw later V.S. Naipaul zijn methode zou noemen (waarover meer in hoofdstuk 5, Halikarnassos is overigens het huidige Turkse Bodrum).

Het gaat Kapuściński om de ontdekking van een geestverwant, de oudste geestverwant, de *Historiën* is 'de allereerste reportage uit de wereldliteratuur'. Hij vraagt zich af hoe bij Herodotos die passie om eropuit te trekken en de wereld zoals die toen bekend was (niemand had nog een idee dat er andere werelddelen waren) te beschrijven, was ontstaan. 'Wat beweegt hem als hij, onverschrokken en onvermoeibaar, zich in een groot avontuur stort? Het is zijn optimistische geloof dat het mogelijk moet zijn de wereld te beschrijven. Een geloof, denk ik, dat wij, moderne mensen, allang zijn kwijtgeraakt.'

Hij besluit: 'Herodotos onderneemt zijn reizen met als doel het antwoord te vinden op de vraag van een kind: waar komen de schepen vandaan die je aan de horizon ziet? Waaruit komen ze tevoorschijn? Waarvandaan zijn ze vertrokken? Dus dat wat we met onze ogen zien is niet het einde van de wereld? Zijn er nog andere werelden? Welke? [...] Herodotos' belangrijkste ontdekking is dat er meerdere werelden bestaan. En dat elke wereld anders is. Elke wereld is belangrijk. En dat we ze moeten leren kennen, want die andere werelden, andere culturen, zijn de spiegels waarin we onszelf en onze cultuur kunnen bekijken. Dankzij die spiegels kunnen we onszelf beter begrijpen, omdat we onze identiteit immers niet kunnen bepalen zonder haar met die van anderen geconfronteerd te hebben.'

Dit credo verbindt Kapuściński met zijn Griekse voorganger uit een bijna niet te bevatten tijd en plaats, maar brengt hem ook tot een bijna zwaarmoedige, ambigue conclusie. Dit soort mensen, zoals de Griek en, zo moeten we toch aannemen, ook hijzelf, dat altijd weer verder moet, zeer nuttig voor anderen, 'is in feite zelf ongelukkig, want, eerlijk gezegd, erg eenzaam. Ze zijn weliswaar op zoek naar anderen en ze verkeren zelfs in de veronderstelling dat ze in een bepaald land of een bepaalde stad vrienden hebben gevonden die ze al goed kennen en van wie ze alles menen te weten. Maar op een dag worden ze wakker en voelen opeens dat niets hen aan die vrienden bindt, dat ze net zo goed terstond kunnen vertrekken. [...] Eigenlijk raken ze nergens aan gehecht, ze schieten geen wortel. Hun empathie is eerlijk, maar oppervlakkig. De vraag welk land ze het mooiste vinden, brengt hen in verlegenheid – ze blijven het antwoord schuldig. [...] Opnieuw onderweg zijn – daar dromen ze van.' Maar 'een mens die ophoudt met zich te verbazen is vanbinnen hol geworden, zijn hart is opgebrand. In een mens die meent dat alles al geweest is en dat niets hem meer kan verbazen, is het mooiste al gestorven, namelijk de schoonheid van het leven. Herodotos is tegengesteld aan dat alles.'

Herodotos zou lange tijd een uniek fenomeen blijven. Er werd wel gereisd in de eeuwen na hem, maar dat bleef hoofdzakelijk beperkt tot het optekenen van exotische gebruiken. Marco Polo beschreef zijn reizen, evenals de ontdekkingsreizigers na hem, maar doorgaans stonden die verslagen in het teken van het doel, het aanboren van handelsmogelijkheden en het onderwerpen van verafgelegen gebieden. Reisverhalen hadden geen impact bij een algemeen lezerspubliek, want dat bestond nog helemaal niet, maar werden hoofdzakelijk gelezen door mensen die om redenen van politiek, diplomatiek of handel het beschreven gebied gingen bezoeken. Natuurlijk, er zijn de beschrijvingen van Ibn Battoeta (over wie later meer), en eeuwen later de verslagen van Fray Bartolomé de las Casas en Bernal Diaz, die de Spaanse onderwerping van de zuidelijke helft van het Amerikaanse continent vastlegden. Er is Darwins beroemde verslag over zijn reis met de Beagle, die de basis zou worden voor de ontwikkeling van zijn evolutietheorie.

Eric Newby heeft in zijn *A Book of Travellers' Tales* een grote hoeveelheid fragmenten verzameld uit de reisverslagen vanaf die periode tot het heden. Reizigers waren excentrieke mannen (en vrouwen, zie vooral: Mary Kingsley, *Reizen in West-Afrika*) met voldoende middelen. Wat vooral opvalt is dat in die tijd, toen de wereld door westerlingen nog grotendeels onontdekt was, schrijftalent helemaal niet van belang was. Wat was wel van belang? Avontuur. Lees het volgende citaat van de negentiende-eeuwse Schotse missionaris en ontdekkingsreiziger David Livingstone: 'Ik schrok, en terwijl ik me half omdraaide, zag ik hoe de leeuw mij precies op dat moment aanviel. Ik stond op een kleine verhoging; hij raakte mijn schouder toen hij sprong, en we vielen samen op de grond. Hij gromde angstaanjagend dicht bij mijn oor, en schudde me door elkaar zoals een terriër dat met een rat doet. De schok veroorzaakt een soort verdoving die vergelijkbaar is met wat een muis lijkt te voelen nadat hij de eerste keer door een kat door elkaar is geschud.' Wil je hierna verder lezen? Ik wel.

Pas in de achttiende en negentiende eeuw werd reizen, door de nieuwe koopmansklasse die dat kon betalen, ook gezien als iets dat tot verheffing van de persoonlijkheid kon bijdragen. De Grand Tour ontstond, een reis langs de toen beschreven hoogtepunten van kunst en architectuur op het Europese vasteland. 'Hoewel ook hier een verplicht programma gold en wetenswaardigheden werden beschreven,' schrijft José Franssen in het tijdschrift *Schrijven* van mei-juni 1999, 'zien we dat in de reisverhalen uit deze tijd ook het plezier in het reizen wordt verwoord, evenals de persoonlijke ervaringen en belevenissen van de auteur. Langzamerhand wordt het individu van de reiziger zichtbaar. Dit zet zich daarna door: er komen steeds meer reisverhalen die zich bewegen tussen de twee polen van de reisgids en het subjectieve verslag of reisverhaal.'

Enkele van de grote literaire auteurs uit de negentiende eeuw schreven reisverhalen. Tsjechovs *De reis naar Sachalin* is een hoogtepunt in zijn oeuvre. En tot de bekendste en zeer vaak als voorbeeld genoemde reisverhalen moet vooral Gustave Flauberts uit 1850 daterende *Reis door de Oriënt* worden gerekend, fenomenaal door zijn zelfverzekerde stijl. Flaubert maakt de lezer (in eerste instantie de ontvanger van zijn brieven) deelgenoot van hoe dikwijls hij 'zijn kruit heeft verschoten' maar schrijft ook krachtige, beeldende passages van een intense schoonheid: 'Waar ik integendeel in het Oosten van houd, is die onbewuste grootsheid en die harmonie tussen contrasterende dingen. Ik herinner me een bezoeker in een badhuis, die om zijn linkerarm een zilveren armband droeg en op zijn rechter een trekpleister. Dat is het echte en daarom poëtische Oosten: bandieten in gegalonneerde lompen en overdekt met ongedierte. Laat dat ongedierte toch, het maakt in het zonlicht gouden arabesken. Je zegt me dat de luizen van Kuchuk-Hanem haar in jouw ogen verlagen; maar dat verrukte mij juist. Hun misselijkmakende stank vermengde zich met de geur van haar huid die droop van sandelhoutolie. [...] Dat doet me aan Jaffa denken, waar ik, toen ik de stad binnenkwam, zowel de geur van citroenen als van lijken opsnoof; op het vervallen kerkhof zagen wij half weggerotte geraamtes, terwijl boven onze hoofden de gouden vruchten aan groene heesters wiegden. Voel je niet hoe totaal die poëzie is en dat dat de grote synthese is?' (Flaubert schreef overigens al eerder een verslag van een tocht door Bretagne: *Langs velden en oevers,* dat evenals zijn oriëntaalse avontuur postuum werd gepubliceerd.)

Maar het is pas na de Tweede Wereldoorlog, met de opkomst van het massatoerisme, het openleggen van steeds ontoegankelijker en verder weg gelegen gebieden voor reizigers, dat het reisverhaal als genre opgeld begon te doen. Veelal wordt Paul Therouxs *Great Railway Bazaar,* dat in 1975 verscheen, beschouwd als het boek dat de doorbraak vormde voor het genre. En inderdaad, het was tot dat moment vrij ondenkbaar dat er lezers geïnteresseerd zouden zijn in het vaak nukkige relaas, geschreven in de eerste persoon, van een op dat moment nog onbekende auteur die ook de ongemakken van het reizen en op het eerste gezicht onbenullige gesprekjes met medereizigers tot onderdeel van zijn materiaal maakte.

Theroux is ook de auteur van een groot aantal romans, die

veelal ook op exotische plekken van de wereld zijn gesitueerd. Het lijkt dikwijls een kwestie van keuze of hij zijn materiaal voor fictie of voor reisverhaal zal gebruiken, en vaak is de scheidslijn daartussen dun. Zijn hilarische roman *Hotel Honolulu* zou met een bepaalde perspectiefwisseling ook een reisboek over Hawaii kunnen zijn geworden, zoals *Dark Star Safari* met een sterkere autobiografische verhaallijn een roman zou kunnen zijn over een schrijver op zoek naar een plek van vroeger. En in de verhalen in *Mijn andere ik* zijn autobiografie, fictie en reisverslag zo verweven dat het boek zich geheel aan classificatie binnen genres onttrekt maar desondanks, of misschien mede daarom, een absoluut hoogtepunt in zijn oeuvre is.

Het zijn misschien niet toevallig Britse schrijvers, dikwijls beschikkend over een goede achtergrond en met een wereldrijk als hun achtertuin, die nu tot het bovenste echelon gerekend worden als wij het over de klassieken hebben. Bruce Chatwin, vooral bekend om zijn boek over Patagonië, is al genoemd; uit een eerdere generatie vooral de onnavolgbare Wilfred Thesiger, die een leven lang doorbracht te midden van de woestijnnomaden in Afrika en Arabië en het leven van de Moerasarabieren in het zuiden van Irak beschreef zoals dat korte tijd later voorgoed onmogelijk zou worden. Eric Newby, Jan Morris, Norman Lewis – laatstgenoemde zou alleen al onsterfelijk genoemd moeten worden vanwege zijn boeken over reizen door Indochina in de vroege jaren vijftig. En de andere Norman, Douglas, wiens meesterwerk wat mij betreft *Old Calabria* is. Van een wat latere generatie (en ik kom op de meesten in latere hoofdstukken terug) noem ik Gavin Young, wiens *Slow Boats to China* een klassieker zou worden, Redmond O'Hanlon, de grootste waaghals en entertainer van allemaal, Jonathan Raban, alleen al vanwege zijn drieluik over Amerika, en Colin Thubron, misschien wel de beste observator en stilist van allemaal.

Onder de niet-Engelsen moet vooral de in vele opzichten toch wel heel Britse V.S. Naipaul genoemd worden, wiens *trave-*

ling on a theme in Azië en de Amerika's tot prachtige resultaten leidde. De terecht populaire Bill Bryson, beter naarmate hij minder dwangmatig geestig probeert te wezen. De recentelijk wat vergeten Amerikaan Alex Shoumatoff (alleen al vanwege zijn reportages over Afrika). En zijn landgenote, de in 1998 overleden Martha Gellhorn, een persoonlijke favoriet van mij, bij wie vrijwel al het schrijven in dienst stond van het signaleren van onrecht, maar die, aldus doende, een immens en indrukwekkend oeuvre schiep waarvan ik ooit beweerde dat het nog gelezen zou worden als dat van haar ex, Ernest Hemingway, al vergeten zou zijn. Die bewering neem ik terug. Mijn bewondering voor haar blijft onaangetast.

Als we dichter bij huis blijven zien we dat ook in Nederland het reisschrijven de afgelopen decennia enorm populair is geworden. Cees Nooteboom, Lieve Joris en Adriaan van Dis halen grote oplagen met hun boeken, ook in het buitenland. Maar ik wil ook graag Carolijn Visser noemen, de inhoudelijk altijd sterke Ian Buruma (*Gods Gruis*), Jan Brokken. Verder Linda Polman, die met *Bot pippel* een mooi boek over Haïti schreef, Arita Baaijens, Minka Nijhuis (*Een theehuis in de jungle* over Birma en *Het huis van Khala* over Irak). Op sommigen van hen kom ik in de volgende hoofdstukken terug.

Sinds enkele jaren hebben we zelfs een heuse vaderlandse prijs voor het 'beste literaire of journalistieke reisboek': de VPRO Bob den Uyl Prijs, gewonnen door achtereenvolgens Rudi Rotthier, Renée Postma, Bart Rijs, Jannie Regnerus en Dick Wittenberg en Jan Banning. En de jury ziet zich elk jaar met een grotere hoeveelheid inzendingen geconfronteerd. Dat heeft misschien te maken met de heuglijke omstandigheid dat veel reisschrijvers gretig profiteren van een bijdrage uit het Fonds Bijzondere Journalistieke Projecten. Maar wees niet al te optimistisch: om in aanmerking te komen voor een bijdrage uit dit Fonds moet de auteur, terecht, doorgaans al iets bewezen hebben op dit terrein.

HOOFDSTUK 3

Reisjournalistiek

SCHRIJVEN VOOR KRANTEN EN GESPECIALISEERDE BLADEN

In 2007 publiceerde de reisjournalist Chuck Thompson zijn afscheid van het metier dat hij jarenlang als freelancer had bedreven. Zijn boek *Smile when you're lying: Confessions of a Rogue Travel Writer* kan gelezen worden als een genadeloze afrekening met een soort journalistiek dat in de Verenigde Staten uitbundig wordt bedreven maar ook in Nederland in een behoefte blijkt te voorzien. *Travel-porn* wordt het in de VS genoemd, reisporno, en het feit dat Thompson er zelf lange tijd een aardige boterham mee verdiende, legt over zijn hele betoog een dikke laag onuitgesproken schuldgevoel.

Al die verhalen over maagdelijke stranden, imponerende bergruggen, kleurrijke markten en vriendelijke dorpelingen, verlucht met foto's van ondergaande zonnen en exotische cocktails, hebben niets met het echte reizen te maken, zo betoogt hij. Reizen betekent in de praktijk lange wachttijden op vliegvelden, te dikke en onwelriekende buren in bussen of vliegtuigen, wrakke bedden, ongedierte, onleesbare rekeningen in restaurants waar de datum bij het bedrag blijkt opgeteld. En zo'n lijstje kan door iedere reiziger makkelijk worden aangevuld, maar in de reisjournalistiek vind je deze ongemakken zelden terug. Thompson neemt ook de televisiereisjournalistiek onder handen. 'Elke beschrijving klonk alsof hij aan een reclame voor een intieme hygiënische spray was ontleend,' zo schrijft hij over een videotour. 'Zeeën glinsterden. Steden fonkelden. Hongarije was een goulash van invloeden. En het

Kroatische stadje Split was, uiteraard, de gebruikelijke fascinerende mix van historisch en modern.'

Thompson werd door collega's onmiddellijk als een nestbevuiler neergezet en de recensent van de *International Herald Tribune* citeert met sardonisch genoegen enkele gruwelijke passages uit zijn eigen reportages. Ook herinnert hij eraan dat Thompson medeschuldig is aan 'het beroven van de aarde van zijn kostbaarste resource: aangename, onontdekte reisdoelen'.

Als Thompson zich zo duidelijk medeschuldig voelt, waarom bezondigde hij er zich dan zo lang aan? Een antwoord is makkelijk te geven. Is er een aangenamer manier te bedenken om je brood te verdienen dan gesalarieerd op reis te gaan naar de mooist denkbare locaties, met als enige verplichting erover te schrijven? (Veel schrijvers en journalisten zullen overigens terstond met 'ja' op die vraag antwoorden; in de beide Engelstalige handboeken over reisschrijven die in de bibliografie worden genoemd, wordt veel geklaagd over de matige verdiensten, alsmede over het feit dat de connotaties met glamour en comfort doorgaans een behoorlijk vertekend beeld van het metier geven.)

Ik wil twee soorten reisschrijven apart behandelen: 1. artikelen voor reisbijlagen, reistijdschriften en gespecialiseerde bladen; en 2. persoonlijke essays.

Er zijn bepaalde regels die voor deze beide genres opgaan, en dat zijn dikwijls regels die ook gelden voor het schrijven van non-fictie in het algemeen. In dit hoofdstuk wil ik het door Chuck Thompson zo verfoeide eerste genre behandelen.

Er is in Nederland een redelijk grote markt voor reisartikelen van de meest uiteenlopende aard. Elke grote krant heeft zijn eigen reisbijlagen, dikwijls wekelijks; daarnaast zijn er gespecialiseerde tijdschriften voor enkele landen met de populairste reisdoelen: er zijn alleen al drie bladen over Frankrijk, verder over Italië, Spanje, Azië en andere delen van de wereld.

Er zijn algemene reisbladen als *Meridian, Reizen* en *Traveler*, en ook sommige glossy's bieden plaats aan reisverhalen. Het helpt, bij de meeste van deze bladen, als je een Bekende Nederlander bent.

En dan zijn er natuurlijk de gespecialiseerde bladen: over sport, antiek, onroerend goed, magazines van luchtvaartmaatschappijen, beleggers, goede doelen en wat al niet, waar een kiene journalist zijn weg kan vinden. Maar het grootste en meest gelezen afzetgebied voor de reisschrijver is toch nog steeds te vinden in de bijlagen van de grote kranten. Over het afzetgebied, alsmede het internet, hebben we het in hoofdstuk 11.

Elke week bieden de grote landelijke dagbladen een keur aan reisbestemmingen die in al dan niet enthousiaste bewoordingen worden aangeprezen. Dat gaat van 'Elba, een pareltje in de Middellandse Zee' tot 'het culinaire en culturele paradijs Buenos Aires', van 'de onverstoorbare schoonheid van Spitsbergen' tot 'Sankt Pauli, Hamburgs waarachtige hart'. Als al deze reizen door de kranten zelf betaald zouden worden, zou het er met onze pers somberder voor staan dan nu. En dus wordt er ruimhartig omgegaan met aanbiedingen van touroperators en reisbureaus. In het ideale geval, en dan heb ik het bijvoorbeeld over het maandblad *Avenue* in de gouden jaren, schermt de redactie zijn medewerkers hiervan af, zodat hij of zij nooit te weten komt wie wat betaald heeft van zijn/haar reis.

Maar die dagen liggen grotendeels achter ons. *Het Parool*, bijvoorbeeld, is er eerlijk over: 'De hierboven beschreven reis werd verzorgd door Trailfinders,' schrijft de krant in een kader bij een verslag over 'een weekje wildwest' in Canada. En de krant voegt eraan toe: 'Deze specialist biedt ruitervakanties in binnen- en buitenland voor elk type ruiter, inclusief volslagen beginners.' *De Volkskrant* is er niet minder openhartig over, en publiceert wekelijks, in elke reisbijlage, de volgende algemene disclaimer: '*De Volkskrant* bedrijft onafhankelijke reisjournalistiek. De redactie van de bijlage en de internetsite is vrij in onderwerpkeuze en wijze van presentatie, zonder commerciële of andere inmenging. Reizen van verslaggevers kunnen (deels) bekostigd worden door derden, maar zonder toezeggingen over het resultaat.'

De Volkskrant heeft sinds 2007 een wekelijkse bijlage Reizen. In de jaren negentig heette die Traject, daarna ging de reisjournalistiek voor enkele jaren op in de bijlage De Verleiding tot werd besloten het reizen weer zijn eigen katern te gunnen. Nell Westerlaken (auteur van een voor de VPRO Bob Den Uyl Prijs genomineerde bundel reportages over de Palestijnse gebieden onder Israëlische bezetting onder de titel *Het paviljoen van meneer Mofid*) werkt sinds het begin voor die reisbijlagen en was jarenlang eindredacteur van Reizen.

'In de Trajecttijd groeiden de bomen tot in de hemel en hadden we veel financiële vrijheid; die is inderdaad minder geworden en nu moeten wij zelf op zoek naar sponsors; van het budget dat wij hebben kunnen we lang niet alle reizen maken die we willen. Als we bijvoorbeeld een reis regelen in samenwerking met een touroperator, dan zeggen wij die toe dat we in het kader met praktische informatie die touroperator als eerste zullen vermelden. Dat levert tot nog toe geen probleem op. Als de KLM ons twee tickets geeft voor een bestemming, dan noemen we uiteraard de KLM als vervoerder maar we noemen ook de andere mogelijkheden, zeker als die goedkoper zijn.'

Toch zal het voorkomen dat een stuk kritischer uitpakt dan de sponsor zich zal hebben voorgesteld, maar dat daar frictie over ontstaat komt zelden voor. Ik ben zelf een keer voor *Avenue* in Calabrië geweest, schreef toch wel erg veel over de greep van de 'Ndranghetta (zoals de mafia daar heet) op de regio, maar daar werd niet over geklaagd. Westerlaken heeft dezelfde ervaring. 'Ik heb een keer een stuk gemaakt over Spa, de bronnen daar, maar ook over het feit dat ze er een zooitje van maken in die stad. En tot mijn verbazing kreeg ik van het Waals verkeersbureau een nominatie voor reisstukken over Wallonië. Ik denk dat verkeersbureaus heel goed beseffen dat publiciteit, al is die dan misschien wat minder rooskleurig dan zij zich wensen, sowieso heel goed werkt.'

Allemaal goed en wel, maar de verdenking blijft natuurlijk een beetje hangen dat journalisten die, op wiens kosten dan ook, gefêteerd zijn met een mooi reisje, de neiging hebben een tintje rooskleuriger over de bestemming te schrijven dan wanneer ze die op eigen gelegenheid zouden ondernemen. De verdenking dat de operators of verkeersbureaus in zekere mate het aanbod sturen, is niet (geheel) onterecht. 'Als je meer dan één krant leest,' aldus een andere waarnemer binnen het genre, 'dan zie je gewoon dat er in een bepaalde maand een actie is geweest van, zeg, het toeristenbureau van Zanzibar want dan duiken her en der stukken op over de kleurrijke geneugten van dat eiland.'

De Volkskrant werkt heel weinig met freelancers. De reisredactie heeft zijn eigen mensen, en kan putten uit een grote bron van correspondenten over de hele wereld die allemaal geacht worden ook aan de reisbijlage bij te dragen. Maar de redactie heeft ook redacteuren die met specifieke artikelen over hun hobby's of interesse komen, bijvoorbeeld fietsen, wielrennen of wandelen.

Toch wordt de krant nog steeds heel veel benaderd door mensen die een stuk aanbieden. Dat gebeurt doorgaans bij de chef. 'Zeg, iemand belt ons en deelt mee: ik ga naar Sydney en wil daar een stuk over schrijven. Dan is onze eerste vraag: waar gaat je verhaal over? Als ze dan niet verder komen dan: over Sydney, ja, dan bedanken we beleefd. En dat is altijd zo geweest, het soort stukken waarin wordt verteld dat je daar een Opera House hebt en om de hoek een brug... dat hebben wij nooit geplaatst. We haken wel in op een groeiende vraag naar een bepaalde plek of stad. Steden als Madrid en Valencia worden nu bijvoorbeeld steeds populairder ten opzichte van Barcelona. Dat heeft te maken met rechtstreekse goedkope vluchten. Dan plaatsen wij graag een stuk over eten in Madrid, aan de hand van een plaatselijke culinaire gids.

We hebben nu op pagina 3 elke week een stedenprofiel, maar ook dat is toegespitst op een onderwerp. Niet een stuk over Vilnius, maar bijvoorbeeld over de kerken van Vilnius. Verder heb je al heel snel door, als mensen ons benaderen voor een stuk, of ze zich verdiept hebben in de plek waar ze heen gaan of dat ze, als ze met een stuk aankomen, het maar een beetje op zich af hebben laten komen en er ordening in aangebracht hebben met behulp van de *Lonely Planet*-gids.

En dan is er natuurlijk de vraag of het goed geschreven is. Er zijn schrijvers die met hun stijl een aantal tekortkomingen kunnen verhullen; het is de combinatie van goed schrijven en goed geïnformeerd en erudiet zijn. Stijl kan belangrijk zijn, maar een stuk kan dan toch aan de oppervlakte blijven en dus niet geschikt zijn; maar doorgaans kun je stijl niet los zien van observatievermogen.

Veel inzenders hebben maar al te goed in de gaten dat de reisjournalistiek behoorlijk aan het veranderen is, dat er een duidelijke trend is van algemene beschouwing in de richting van specifieke informatie. Vroeger keken we daarop neer, zo van: onze lezers zijn mans genoeg om zelf een hotel te zoeken. Tot we merkten dat daar zo'n enorme behoefte aan was! Ze willen weten waar je informatie kunt halen, waar je goed kunt eten, wat er is aan openbaar vervoer, et cetera. Of dat te maken heeft met het feit dat mensen op bijvoorbeeld de televisie al zo overvoerd worden met beelden en indrukken? Ik denk het wel. En mensen reizen zo ontzettend veel, dat maakt het verschil, maar ook het internet heeft de zaak veranderd. Vijftien jaar geleden nog ging je naar een reisbureau om iets te boeken en naar de reisboekhandel om je te informeren. Nu zet je je computer aan en binnen een halfuur heb je alle informatie die je je wensen kunt. Maar die behoefte aan specifieke praktische informatie blijft blijkbaar.'

Bij *de Volkskrant* zijn ze niet zo weg van de reisjournalistiek zoals die bijvoorbeeld wordt bedreven door *The New York Times.* Westerlaken: 'Wat zij doen is wel erg veel de krenten uit de pap halen, veel aandacht voor de mooie kanten van de zaak; ik was in Mozambique een aantal jaren geleden, las er toen een stuk over in de *Times,* dat ging voornamelijk over de mooie stranden terwijl ik er hoofdzakelijk de restanten van de oorlog zag. En daar moet je ook oog voor hebben, anders is het inderdaad oplichterij. Je hoeft daar natuurlijk niet al te ver in te gaan, zij hebben net zoals wij een buitenlandredactie, dus dat ontslaat ze van de verplichting alle politieke achtergronden te geven. Maar bij ons wordt dat dikwijls op elkaar afgestemd. Een voorbeeld: het Spaanse parlement heeft in oktober 2007 de Wet op het Historisch Geheugen goedgekeurd, waarmee de dictatuur van Franco wordt veroordeeld en de slachtoffers van zijn regime worden gerehabiliteerd. Daar heeft op onze buitenlandpagina's voldoende over gestaan, maar wij hebben dan een stuk over dat lelijke en in staat van verval verkerende monument in de Valle de los Caidos. Dat sluit vaak naadloos op elkaar aan. De branden in Griekenland vorig jaar, die vind je op de nieuwspagina's, dáár hoeven wij dus niet over te schrijven, maar wel over wat het betekent voor het toerisme, de economische gevolgen van zoiets. De stammenstrijd in Kenia: idem dito.'

Het internet wordt steeds belangrijker, ook als publicatiemogelijkheid. In hoofdstuk 11 wordt een aantal sites genoemd, maar in dit verband noem ik alvast de site www.volkskrantreizen.nl, waarop de wereld in regio's is verdeeld en iedereen in principe zijn bijdrage kwijt kan. De redactie kijkt de bijdragen wel eerst na. Maar de verschuiving gaat niet alleen die kant op; ook in de krant wordt nu dikwijls een bloemlezing gegeven van wat er op die site allemaal te berde wordt gebracht. Dat haalt een hele hoop druk op de 'papieren redactie' weg. 'We merken wel dat het aanbod van ongevraagde artikelen een stuk minder is geworden en dat heeft er hoogstwaarschijnlijk mee te maken dat mensen hun stukken nu zonder veel probleem op de site kwijt kunnen. Maar het heeft er ook mee te maken dat de specialisten, mensen die heel veel weten van een gebied in, zeg, Frankrijk, maar één keer hun ei kunnen leggen in de krant. Maar er zijn ook al die specifieke bladen bij gekomen, vooral wat Frankrijk betreft, je hebt wandelbladen enzovoort, en dus kunnen ze shoppen om te zien waar ze hun stuk kunnen plaatsen. Dat is allemaal in een paar jaar enorm veranderd.'

Wat voor advies geeft de *Volkskrant*-redactie aan mensen die niet tevreden zijn met bloggen? Hoe trekken ze hun aandacht?

'In de eerste plaats: weet waar je het over hebt en weet dat goed samen te vatten als je het aanbiedt. Verder: vraag je goed af voor welk blad je stuk geschikt is; mensen die de markt kennen zijn altijd in het voordeel. Ik krijg vaak voorstellen van mensen over een bestemming waar we net vorige maand iets over hebben gepubliceerd. Dat helpt niet natuurlijk. En soms zie je meteen: maar dit is een perfect stuk voor een fietsblad. Dan geef ik ze ook het advies het daarheen te sturen. En verder, en het allerbelangrijkste: een goed verhaal, echt een verhaal met kop en staart wint het altijd.

Dat kan ook een persoonlijk verhaal zijn, als het daar maar bovenuit stijgt.

Teruggaan naar een plek die iets voor je heeft betekend, werkt soms goed, als je het maar goed kunt opschrijven. Zoek lokale bronnen, en wees niet tevreden met de taxichauffeur. Je brengt een verhaal tot leven door mensen aan het woord te laten. En laat je niet te snel door eerste indrukken imponeren; dat is namelijk verleidelijker naarmate je minder van een cultuur weet. Wij kregen een keer een stuk met daarin de opmerking dat er zoveel homo's in Afrika waren. Dat was gebaseerd op het feit dat mannen er hand in hand lopen! Denk je eens in wat een Chinees voor indruk krijgt van Amsterdam als hij hier de avond voor Koninginnedag aankomt en de ochtend na Koninginnedag weer vertrekt! Wat zal die man thuis voor verhalen vertellen over hoe Amsterdam eruitziet!'

HOOFDSTUK 4

Persoonlijke essays

REISBOEKEN EN REISVERSLAGEN

In 1992 publiceerde de serie Actuele Onderwerpen (een aardige reeks beknopte boekjes die al sinds 1936 bestaat) het deeltje 2424 getiteld 'Reisliteratuur, tips voor reislustige lezers'. Zestien Nederlandse schrijvers en journalisten droegen hun persoonlijke toptien aan, en aan het eind werd de score opgeteld en ontstond een totaallijst van meest genoemde boeken.

Het is opmerkelijk dat, althans volgens mijn indruk, de lijst er nu, zestien jaar later, in essentie niet veel anders uit zou zien. Helemaal bovenaan staat Gavin Youngs *Per boot naar China* (*Slow Boats to China*) met als nummers twee ex aequo Naipauls *Onder de gelovigen* en Martha Gellhorns *Van de grond af gezien*. Meteen daaronder Bruce Chatwins *De gezongen aarde*, Mary Kingsleys *Reizen in West-Afrika* en James Fentons *In het verre oosten*, wiens hoge score voor een deel te danken is aan de negen punten die hij van mij heeft gekregen. Daaronder, behalve nog meer boeken van de al genoemde auteurs, de *usual suspects:* Bill Bryson, George Monbiots *Gifpijlen*, David Grossman, Wilfred Thesiger, Gustave Flaubert, Eric Newby, William Least Heat Moon (*Blue Highways* natuurlijk), Colin Thubron, Jonathan Raban, Paul Theroux en Redmond O'Hanlon.

Opmerkelijk is de relatief lage score van de Poolse schrijver Ryszard Kapuściński, die we pas op een gedeelde zestiende plaats terugvinden met *De keizer* en *De voetbaloorlog*. Zijn boeken over Afrika (*Ebbenhout*), het Sovjetrijk (*Imperium*) en *Reizen met Herodotos* waren in 1992 nog niet in het Nederlands gepubliceerd. Als zo'n lijst nu opnieuw zou worden gemaakt zouden deze boeken een hoge plaats verwerven, durf ik te wedden.

Ook de Nederlandse auteurs die twee keer of vaker werden genoemd, zouden nu nog steeds op zo'n lijst terechtkomen: Adriaan van Dis staat het hoogst (een gedeelde zevende plaats) en daaronder vinden we Ian Buruma, Henk Hofland (*De wording van het Wilde Oosten*), Cees Nooteboom en Carolijn Visser. Lieve Joris werd weliswaar vijf keer genoemd, maar telkens met andere boeken.

In essentie wijkt het persoonlijke reisessay niet zoveel af van het journalistieke reisverslag. Zo'n artikel kan een deel van zijn spanning ook aan een persoonlijke invalshoek ontlenen. In het algemeen verwacht je van zo'n persoonlijk reisessay dat het beter geschreven is, dat de zelfreflectie een grotere rol speelt dan in een tijdschriftenbijdrage. Maar dat onderscheid is niet zo makkelijk aan te brengen, en vaak is het veel vloeiender dan wordt aangenomen.

In het meer literaire, persoonlijke reisverhaal gaat het om veel meer dan alleen informatie. De subjectieve ervaring van de schrijver speelt een grotere rol. Wat ook een verschil is, is dat er kenmerken van andere genres als het essay en narratieve autobiografie, in verweven kunnen worden. Soms ook elementen van fictie. Aly Freije schrijft in het tijdschrift *Schrijven* (mei 1998): 'Je kunt een reportageachtig verslag schrijven, een impressionistisch, persoonlijk gekleurd verhaal of een literair verhaal. Veel mengvormen zijn mogelijk [...]. De journalistieke invalshoek in reisverhalen zorgt ervoor dat je je leert verplaatsen in andere situaties en mensen en de informatie goed over te brengen. Ook literaire technieken spelen een belangrijke rol. Je kunt gebruikmaken van dialogen, werken met een alwetende verteller in plaats van met de ik-persoon; en creatief omgaan met de werkelijkheid door bijvoorbeeld drie personages tot één persoon in elkaar te schuiven of gebruik te maken van flashbacks. De reiziger kan daarbij andere identiteiten aannemen, zodat het bijna een fictieve figuur wordt.'

Freije denkt een verschil aan te kunnen wijzen tussen een 'literair verhaal met journalistieke elementen' en een 'journalistiek verhaal met literaire elementen', maar mij lijkt dit in de praktijk niet eenvoudig, zo niet overbodig. Maal er niet om, zou ik zeggen, en probeer vooral, alsjeblieft, niet 'literair te doen'. Poëtische taal moet vanzelf uit je komen, metaforen werken alleen als ze authentiek zijn. De zo modieuze term 'literaire non-fictie' wordt door sommige auteurs met trots gedragen; ik heb geen idee wat ik ermee aan moet. Het enige dat telt is goed schrijven.

Nu valt er over wat 'goed schrijven' is een eindeloze discussie te voeren en dat gaan we hier niet doen. Maar het is in elk geval ook het criterium waar Emile Brugman, de oprichter van uitgeverij Atlas, telkens aan refereert. Deze uitgeverij, die nu deel uitmaakt van Atlas Contact, brengt jaarlijks een grote hoeveelheid reisboeken uit, van prominente en minder prominente Nederlandse en buitenlandse reisschrijvers. Veel van de bekende buitenlandse auteurs als V.S. Naipaul, Paul Theroux, Colin Thubron, Bill Bryson en Redmond O'Hanlon, worden door Atlas Contact uitgegeven, maar ook Neal Ascherson en klassiekers als Wilfred Thesiger en Gustave Flaubert. Van de Nederlandstalige publiceren bij Atlas Contact: Jan Brokken, Geert Mak, en daarnaast Benno Barnard, Rudi Rotthier, Gerrit Jan Zwier, Ian Buruma en vele anderen.

Omdat ze marktleiders zijn in dit genre wordt Atlas Contact gebombardeerd met manuscripten in het reisgenre. 'Zeker veertig of vijftig in de maand. Vaak prachtig uitgewerkt, met foto's erbij en een ringbandje erdoorheen. En negenenveertig van die vijftig gaan per kerende post terug. Daar kijk ik meestal nog geen bladzijde naar.'

Dat moet je, als lezer van dit boek, nog somberder stemmen dan de opmerkingen van Nell Westerlaken in het vorige hoofdstuk. Maar gooi de handdoek toch niet meteen in de ring, al wordt Brugmans oordeel door andere uitgevers doorgaans bevestigd.

'Veel mensen hebben er geen benul van hoe ze iets moeten opschrijven,' aldus Brugman. 'Ze zijn doorgaans vooral zo vol van hun reis dat ze alles een gelijke waarde geven. Het begint er meestal mee dat ze twee uur vertraging hebben op Schiphol, en dat vinden ze dus van eminent belang om te melden. Meestal is het een vakantiereis, en toch vinden ze dat alles wat ze meemaken uniek is.'

Het equivalent dus van de dia-avond van vroeger? Waarom is die drang om te schrijven dan zoveel groter dan vroeger?

Misschien is dat ook niet zo, maar schreven mensen op reis vroeger lange brieven naar hun vrienden of familie. Nu schrijven ze een boek. Brugman: 'Zij maken het mee, en aangezien het zo'n avontuur voor ze is kunnen ze zich niet voorstellen dat niet al honderdduizend mensen dat eerder hebben meegemaakt. Het is meestal puur vakantie. Er zijn natuurlijk heel veel mensen, jonge mensen, die een jaar vakantie kunnen nemen en dat dan met de *Lonely Planet* onder de arm doen. Dat boek, of de *Rough Guide*, glinstert ook vaak door hun verhaal heen en dat moet ook wel want ze hebben zelf meestal niet veel nieuws te melden. Al die opwinding, die extase over het exotische brengt ze het hoofd op hol. Hoe exotischer de bestemming, hoe eerder ze denken dat hun verhaal de moeite waard is. Maar ik ben, bij wijze van spreken, meer benieuwd als ik een manuscript onder ogen krijg van iemand die van, om maar wat te noemen, de Gouden Bocht van de Herengracht naar het Koningsplein reist. Dan denk ik al meteen: dat is een origineel iemand. Mensen moeten op hun reis iets te melden hebben en de kennis bezitten die noodzakelijk is voor zo'n reis. Heel vaak hebben ze geen van beide. Je gaat anders kijken als je in een nieuwe omgeving bent, natuurlijk, en dat scherpt je blik, maar ook dat is niet genoeg om een boeiend verhaal te schrijven.'

Dat klinkt somber. Wat moet je doen om Brugman meer dan één bladzij van je manuscript te laten bekijken? Hij herhaalt met name het belangrijkste criterium dat we ook al bij *de Volkskrant* hoorden: 'Een goed onderwerp, bijna altijd. En soms kom ik een zin tegen waarvan ik denk: dat is een zin. Iemand die kan schrijven, of op een manier gekeken heeft waarop anderen doorgaans niet kijken.'

Allemaal geen garantie voor succes, maar als je je daarvoor inspant heb je tenminste zijn aandacht. Je kunt natuurlijk de tegenwerping maken dat veel erkende reisschrijvers hun boek openen met allerhande details die van ondergeschikt belang lijken. Neem Gavin Young, die zijn klassieke *Slow Boats to China* ook begint met de uitvoerige pogingen die hij in Londen moet ondernemen om zijn project, een reis per verschillende boten naar China, te kunnen ondernemen. ('I can arrange a nice long tour for a *group* of old biddies, with exciting stopovers – but you?' krijgt hij in diverse bewoordingen te horen.) Waarom lezen we dat wel met aandacht?

'Dat komt meestal,' zegt Brugman, 'doordat de reis van ondergeschikt belang is als je het hebt over schrijvers als Young, Naipaul, Theroux, en zeker Thubron. Dan heb je het over mensen die kunnen schrijven, en je reist met die mensen mee en *wilt* ook met ze meereizen. Het is een misvatting dat hoe exotischer de reis is hoe interessanter het boek. Het gaat, bovenal, om de kwaliteit van het schrijven, en dan doet het er helemaal niks toe waar ze heen gaan. Neem ook Jonathan Raban, vooral met zijn trilogie over Amerika; die maakt op de keper beschouwd niet zoveel mee. Ook daar gaat het om de persoon met wie je meereist. Hij is een subliem verteller, zelfs over de simpelste dingen. Merkwaardig derhalve dat hij mislukt is als romanschrijver. In de goeie reisboeken komt heel erg de persoonlijkheid van de auteur naar voren. Een Nederlands voorbeeld is Rudi Rotthier, met zijn boeken over de Koranroute en Amerika bijvoorbeeld.

Rotthier is zo'n aangename, net niet normale man dat je die graag als gezelschap wilt. Inclusief zijn zelfspot. Bij hem is het puur de persoonlijkheid die het boek draagt.'

De moeilijkheden stapelen zich bij deze woorden op voor de beginnende reisschrijver, want je schrijfstijl valt met cursussen wellicht te verbeteren, maar hoe maak je jezelf tot een boeiende persoonlijkheid, boeiend genoeg om de aandacht van een uitgever vast te houden? Ik vrees dat ik hier het antwoord schuldig op moet blijven.

Gebruikmaken van fictietechnieken kan boeiend werken, maar Brugman wordt daar ook niet altijd vrolijk van. Hij vindt het verschil dat Aly Freije hierboven aanbrengt onzin en is ook niet gecharmeerd van de term literaire non-fictie. 'En overigens hanteren de meeste inzenders die literaire technieken niet. Ze gaan lineair te werk, beginnen op Schiphol en eindigen weer op Schiphol. Er zijn ook wel iets gevarieerdere schrijvers die weten dat ze met een pakkende scène moeten beginnen, of die te veel naar films hebben gekeken en onder invloed daarvan van hot naar her gaan met hun verhaal. Wat bijna iedereen tegenwoordig wel weet is dat je met een pakkende scène moet beginnen, maar ook dat is al zo vaak gedaan dat ik nogal eens denk: begin nou eens gewoon bij a en eindig bij z.' Als a en z maar niet Schiphol zijn.

Brugman leest graag boeken waarin veel mensen aan het woord komen, dat geeft kleur en authenticiteit aan een verslag. 'Ik denk dat het een heel effectieve manier is, maar het is bij de goede schrijvers bijna altijd gestileerd. Neem Theroux, als je al die mensen die Theroux spreekt in zijn boeken ook werkelijk letterlijk aan het woord zou horen, zou het een stomvervelend boek zijn. Ook hier komt het weer neer op goed schrijven. Je moet de waarheid liegen op basis van de feiten, je moet als lezer ook niet de waarheid verwachten, je krijgt de waarheid van Theroux.

Maar je moet natuurlijk wel weten op wie je afstapt of met

wie het gesprek interessant is. In de manuscripten die ik krijg zijn de ontmoetingen doorgaans toevallige ontmoetingen, het ontstijgt het vakantiereisje niet. De meeste manuscripten zijn van mensen die op vakantie zijn gegaan en vervolgens besloten erover te schrijven. Dat is de verkeerde volgorde. Je moet weten waarnaar je op zoek gaat en daar je reisverhaal naar structureren. Weten waar je heen gaat en er tevoren over lezen, dat roept vragen op, en die ga je daar al schrijvend oplossen.'

Zou hij mensen aanraden meer van de grote reisschrijvers te lezen?

'Nee, ik zou ze aanraden: geniet van je vakantie en schrijf niks op.'

Daar laten we het natuurlijk niet bij zitten, al helpen Brugmans opmerkingen, op zijn zachtst gezegd, wel mee enig realisme te kweken bij aspirant-reisschrijvers. Leg de lat niet te hoog. Natuurlijk wil je graag je bevindingen met anderen delen en natuurlijk vind je van jezelf dat je genoeg talent en persoonlijkheid hebt om zo'n reisessay te schrijven. Als je wat dat betreft je neus hebt gestoten, kun je altijd je geluk beproeven op de wat kortere baan voor kranten en gespecialiseerde tijdschriften. Of, tegenwoordig steeds populairder, op het internet. Daarover in een later hoofdstuk meer.

HOOFDSTUK 5

Het lege volle hoofd

WAT GAAT ER AAN JE REIS VOORAF?

Voordat we gaan kijken wat we met de aanbevelingen van de hiervoor geciteerde redacteuren kunnen doen, wil ik allereerst enkele algemene aanbevelingen doen. En de eerste klinkt simpel, maar valt aan te leren noch te plannen: zorg voor een leeg hoofd. Deze aanbeveling lijkt strijdig met een andere, namelijk dat de reiziger die goed voorbereid is doorgaans veel meer ziet dan de 'impressionist', die het allemaal fluitend op zich af laat komen.

Wat ik bedoel is dit: probeer zonder besognes in je rugzak (en al helemaal in je hoofd) op reis te gaan. Betaal al je rekeningen, laat je huis in goede handen achter. Als een ernstig zieke vriend of een aandacht vragend probleem je gedachten beheerst, overweeg dan serieus je reis uit te stellen. Al te veel bezoeken aan lokale internetcafés of belkantoren leiden je hinderlijk af van je reisdoel. En vooral (en dit geldt in het bijzonder voor artikelenschrijvers): zorg dat je geen achterstallig werk meeneemt op reis. Ik heb zelf eens de eerste drie dagen van een verblijf in Ghana op mijn hotelkamer een stuk over Peru zitten afmaken. Dat is geen goed stuk geworden.

Een hieraan verwant punt betreft de instelling waarmee je op stap gaat. Probeer je zo veel mogelijk bewust te zijn van wat je denkt te weten, wat je denkt aan te treffen. Je startsituatie kan heel verschillend zijn en het is fair je lezers hiervan deelgenoot te maken. Ik geef een voorbeeld uit mijn eigen praktijk.

Tot het midden van de jaren tachtig was ik nog nooit in een derdewereldland geweest, Amerika was mijn werkterrein. Maar als het al niet tot mezelf doordrong werd het me wel door collega-redacteuren duidelijk gemaakt: ik zag steeds minder in Amerika. Tot ik door de VPRO naar Egypte werd gestuurd in het geruststellende gezelschap van de arabist Evert Schreur. Al meteen op de luchthaven van Cairo wilde ik rechtsomkeert maken. Hier was het, en ik citeer, 'oorlog, een vanzelfsprekende oorlog om het naakte bestaan. Honderden mannen die gekleed waren in lange gewaden en die allen volgepakte bagagekarretjes voor zich uit duwden, waren in een luidruchtig en uitzichtloos schijnend gevecht verwikkeld om de uitgang te bereiken, een gevecht van iedereen tegen iedereen, een primitief gevecht waarbij geen arbitrage werd geduld, iedereen vocht en duwde en tierde voor zichzelf en allen zetten allen klem zodat er niemand meer vorderde en mannen achter in de meute hun karretje in de steek lieten en schreeuwend met koffers en dozen op hun rug over de karretjes van hun schreeuwende voorgangers heen begonnen te klimmen, tot grote woede van alle anderen maar vooral van hen die te veel bagage hadden om op hun rug te torsen.' Het waren Egyptische gastarbeiders die in de Golfstaten werkten en nu beladen met ventilatoren, tv's, draagbare radio's en elektrische oventjes voor even of altijd terugkeerden naar huis.

Gaat dit altijd zo? vroeg ik Evert. Ja, zei hij, en hij keek er innig tevreden bij, dit gaat altijd zo. Ik vond het een verschrikking, zoals ik ook het verkeer en de alomtegenwoordige chaos verschrikkelijk vond, en ik wist heel zeker dat dit niet alleen mijn eerste maar ook mijn laatste bezoek aan Egypte zou worden.

Niet dus. Niet alleen begon ik al binnen enkele dagen steeds meer aantrekkelijks aan de rest van het land te ontdekken (de Corniche van Alexandrië, de overrompelende stilte van de Sinaï, de broeierige sfeer van Port Said), maar na die reis werd ik door *Avenue*, de VPRO en andere opdrachtgevers naar vele andere landen gestuurd in vergelijking waarmee Egypte, zo zou mij blijken, een hemel op aarde was.

Zo was ik een paar jaar later bijvoorbeeld in Mogadishu, Somalië. Er was net een staatsgreep achter de rug. De lijken van de paleiswachten van het vorige bewind lagen nog her en der in de stad, niemand die de moeite nam ze op te ruimen. Overal heerste anarchie, er werd in het wilde weg geschoten, de enige vrijplaats was de compound van SOS Kinderdorp, die door de strijdende partijen min of meer met rust werd gelaten. Daar mochten we 's nachts op de grond slapen en overdag toezien hoe het bloed van de muren werd geschrobd. Ik was erheen gevlogen met een vrachtvliegtuig met hulpgoederen, maar voor de terugreis was er een probleem. De verkeerstoren werkte niet. Na enkele dagen had Willy, de lokale vertegenwoordiger van SOS, een heldhaftige Noord-Italiaan met gezag, de signalering weer aan de praat gekregen en landde er zowaar opnieuw een vliegtuig van het Rode Kruis. Dat zou ook weer teruggaan, de volgende dag, en wel naar Cairo. Maar de vier beschikbare plaatsen waren al verkocht: een rijke Somalische familie had meer geld geboden dan ik en de twee andere wachtende journalisten konden opbrengen. Ik ging met twee bewapende jongens opnieuw de stad in, zocht een weg door de puinhopen, bekeek de restanten van de met grote toewijding tot in elk detail vernielde Amerikaanse ambassade, de met al even grote precisie kapotgeschoten heiligenbeelden in de katholieke kerken, leerde met steeds grotere bogen om de achtergelaten lijken heen te lopen. Ik wilde weg.

Toen ik terugkwam in de compound had Willy goed nieuws; de beide piloten hadden erin toegestemd de lading wat economischer te verdelen over het ruim, en wat lager te vliegen zodat we niet zouden bevriezen. De details over de terugvlucht doen er nu niet toe, de reden waarom ik dit vertel is dat ik bij aankomst in Cairo de neiging had de grond te kussen, zoals ik de paus wel eens had zien doen. Wat een oase van beschaving! Wat een serene rust! Wat een heerlijke plek, kortom, om te zijn!

Cairo was in het geheel niet veranderd, natuurlijk, maar ik was veranderd. Dat leverde twee heel verschillende manieren op om naar Cairo te kijken, en de lezer heeft er, vind ik, recht op te weten wat je uitgangssituatie is, te weten hoe het komt dat een en dezelfde locatie zulke totaal uiteenlopende reacties bij je kan oproepen.

Wees goed voorbereid, vorm een zo duidelijk mogelijk idee van waar je naar op zoek bent. Ik ben het eens met de manier van werken van Carolijn Visser, die begint met alles over haar reisdoel op papier te zetten, al weet ze nog niet in welke richting haar verhaal gaat.

'Ik lees van tevoren alles wat ik tegenkom. Veel geschiedenis, de hedendaagse politieke situatie, informatie over wat er de afgelopen vijftig jaar is gebeurd. Want als iemand je iets vertelt moet je dat kunnen plaatsen, anders moet hij te veel uitleggen en kom je niet toe aan persoonlijke elementen. Het is dus wel handig wanneer je op een zo breed mogelijk gebied geïnformeerd bent, zodat je nieuwe informatie gemakkelijk kunt plaatsen. En je zult zien dat je een heleboel dingen hebt bestudeerd waaraan je nooit wat hebt, en die je nooit zult gebruiken. Maar toch is het heel prettig die kennis te hebben, omdat die je een soort elasticiteit geeft in het opnemen van dingen.' (Uit: *Schrijven*, juni/juli 2001)

Maar dit kan ook te ver gaan: soms ken je een land en zijn historie te goed, is het je al zo vertrouwd dat je niets meer ziet. Ik ben zelf in de jaren zeventig en tachtig zo vaak op reportage en om andere redenen in de Verenigde Staten geweest, en het land was me zo vertrouwd geworden dat mijn blik afgestompt was. Ik moest er toen werkelijk een jaar of tien niet of nauwelijks heen, daarna werd het weer interessant om te zien wat er was veranderd.

Lieve Joris heeft dezelfde ervaring met Congo. 'Wat dat land betreft, was mijn blik na mijn derde boek, *Het uur van de rebellen*, enigszins dof geworden. Ik ben er net voor het verschijnen van de Franse vertaling nog een vijftal weken geweest, omdat ik een aantal mensen wilde vragen of er om veiligheidsredenen dingen uit moesten. Maar dat beschouw ik niet echt als een reis, ik registreerde niet zoals ik gewoonlijk doe. Ik heb me aan het einde zelfs op een missiepost teruggetrokken, met mijn boek en een bonobo, ik had genoeg van de drukte om me heen.'

Als je van een land houdt en je er heel veel van weet kun je ook je nieuwsgierigheid vasthouden en op je overdaad aan kennis leunen. Waarom is Nootebooms *De omweg naar Santiago* zijn beste reisboek? Hij geeft zelf de voorzet tot het antwoord. 'Een van de weinige constante dingen in mijn leven is mijn liefde, een mindere uitdrukking is er niet, voor Spanje. Vrouwen en vrienden zijn uit mijn leven verdwenen, maar een land loopt niet zo gauw weg. [...] Ik heb het gevoel – het is niet goed mogelijk om over deze dingen te spreken zonder in een merkwaardige, mystieke terminologie te vervallen – dat het Spaanse karakter en het Spaanse landschap corresponderen met "datgene waarover ik ga", met bewuste en onbewuste dingen in mijn wezen, met wie ik ben.'

Als uit de beide vorige hoofdstukken iets mag zijn gebleken, dan is het dat een reisverhaal weinig kans maakt gepubliceerd te worden als de reiziger/schrijver niet tevoren een idee heeft van wat hij/zij wil gaan doen, waarnaar hij op zoek is, 'wat het verhaal zal zijn'. Zo'n idee kan op de vreemdste manieren ontstaan en gestalte krijgen. Het kan een stukje leer zijn dat je nieuwsgierigheid wekt naar een stuk aarde waar zelden iemand komt (Bruce Chatwin en Patagonië). Het kan een zin zijn die de schrijver zo vaak is tegengekomen dat zijn verbeelding ermee op de loop is gegaan, zoals in het geval van Jonathan Raban. 'Having arrived in Liverpool, I took ship for the

New World', de zin intrigeerde hem zo dat hij zelf in Liverpool inscheepte om naar Amerika te varen, waar hij zich zo sterk inleefde in de *greenhorn*-ervaring dat hij zich er uiteindelijk vestigde. Het kan zelfs een fictieve zin zijn: toen ik zelf in 1991 naar Birma reisde, spookte mij voortdurend een zin door het hoofd: 'Die ochtend scheepten wij in te Mandalay teneinde den machtigen Irrawaddy af te zakken.' De tocht over de Irrawaddy, vanaf Mandalay, werd inderdaad een belangrijk element van mijn verhaal, maar ik heb nooit kunnen ontdekken waar die zin vandaan kwam.

Het kan ook een gerucht zijn dat de schrijver bevestigd of ontkracht wil zien. Redmond O'Hanlon trok naar Congo om te ontdekken of het waar was dat daar nog levende dinosaurussen te vinden waren. De lezer weet, evenals de schrijver, eigenlijk al vanaf bladzijde één dat er geen dinosaurus te zien zal zijn, maar de zoektocht is er niet minder briljant (en hilarisch) om.

Sterk werkt ook altijd: teruggaan naar een plek om de veranderingen te registreren. Een goed voorbeeld is Paul Therouxs *Dark Star Safari* (2003), dat ontstond uit een *sentimental journey* naar Malawi, waar hij in de jaren zestig als leraar werkte, maar in de uitwerking veel meer werd dan de beschrijving daarvan. Een briljante variant op deze methode is Norman Lewis' klassieke *Stemmen van de oude zee*. Dit is eigenlijk nauwelijks een reisboek te noemen, omdat Lewis zich in het Spaanse kustplaatsje Farol vestigde gedurende drie achtereenvolgende zomers, kort na de Tweede Wereldoorlog. Hij registreert de enorme veranderingen in die relatief korte tijd. Tegen het einde van zijn derde seizoen constateert hij dat het 'zonneklaar was dat het spirituele en culturele isolement van Spanje zijn langste tijd had gehad, overweldigd als het land werd door de grote buitenlandse invasie uit het Noorden, die geld en allerlei soorten vrijheid bracht'.

Een andere veel gevolgde methode is 'reizen in het voetspoor van...'. Hierover in een volgend hoofdstuk meer, maar ik wil de misschien wel beste voorbeelden van deze methode hier niet ongenoemd laten: Tim Mackintosh-Smiths boeken *Reizen in de voetnoten van Ibn Battoeta* en *Zaal der duizend zuilen*. In deze boeken reist Mackintosh-Smith deze Ibn Battoeta na, die wel de grootste reiziger van het pre-industriële tijdperk genoemd kan worden. (Hij vertrok in 1325 uit zijn geboorteplaats Tanger en keerde negenentwintig jaar later terug na door Egypte, Syrië, Perzië, Irak, Oost-Afrika, Jemen, Anatolië, Zuid-Rusland, Constantinopel, India, de Maldiven, Sumatra en China te hebben gereisd.) Deze reizen van Mackintosh-Smith leverden twee werkelijk prachtige boeken op, van een erudiet en gedreven verteller, maar ze zouden veel impressionistischer zijn gebleven en dus nooit zo informatief zijn geweest als de auteur geen studie Klassiekarabisch achter de rug had.

Eigenlijk kom je met de aanbeveling dat je van tevoren moet weten wat het verhaal gaat worden al snel terecht bij de methode die V.S. Naipaul 'travel on a theme' noemt en die hij, volgens eigen zeggen, bij al zijn reisboeken hanteert. Hij reisde door Iran, Pakistan, Maleisië en Indonesië om te registreren hoe de conservatievere krachten binnen de islam reageren op de oprukkende tendens tot verwestersing die deze landen bereikt – een thema dat in de jaren erna natuurlijk alleen maar actueler werd.

En zijn verrassende boek *A Turn in the South* was een zoektocht naar de veranderingen in de oude slavenstaten in het zuidoosten van de VS. In deze en andere gevallen wist Naipaul dus precies waarnaar hij op zoek was, en dat geldt ook voor enkele klassieke werken van andere grote reisschrijvers. Een mooi voorbeeld is Norman Lewis' *The Missionaries*. Hierin stelde Lewis zich ten doel de ontwrichtende werking van de activiteiten van de 'evangeliserende ambassadeurs van het christendom' vast te leggen, en hij reisde daartoe naar Midden- en Zuid-Amerika, de eilanden in de Stille Oceaan en Indochina. Zijn voorspelling in 1988, dat 'over dertig jaar nergens nog een spoor van enig inheems leven overgebleven zal zijn', is misschien iets te pessimistisch gebleken, maar dat doet niets af aan de beeldende kracht van dit verontrustende boek.

In dezelfde traditie kun je ook een boek als *The Yellow Wind* zien, waarin de Israëlische schrijver David Grossman op de Westelijke Jordaanoever reist en al schrijvende de Palestijnse bevolking een gezicht geeft. En, een ander voorbeeld, Kapuściński's *Imperium*, dat in de vorm van een reisverslag het uiteenvallen van de Sovjet-Unie aanschouwelijk beschrijft.

In al deze gevallen waren de schrijvers 'traveling on a theme', kun je aan de boeken aflezen dat ze tevoren een bepaald idee hadden van wat ze wilden zien, hetgeen niet betekent dat ze zich niet wilden laten verrassen.

Maar lang niet alle reisschrijvers gaan altijd volgens hetzelfde procedé te werk. Neem als voorbeeld Lieve Joris. Haar grote doorbraak kwam met het boek *Terug naar Congo*, dat ontstond als 'een queeste naar het leven dat mijn heeroom vijfenveertig jaar in het Congolese binnenland geleid had en hoe de Congolezen zelf op die periode terugkeken'.

Lieve Joris noemt zichzelf niet graag reisschrijfster, vooral omdat ze zich dikwijls juist ingraaft op een plek en van daaruit de wereld om haar heen observeert. Bijvoorbeeld in *De poorten van Damascus*. 'Voor dat boek heb ik helemaal niet gereisd, ik ben daar eerder versteend! Ik heb een halfjaar in een huisje van twee kamers gezeten bij Hala, een Syrische vrouw die ik al jarenlang kende. Haar man was in de gevangenis beland om politieke redenen en toen de eerste Golfoorlog uitbrak kon ik alleen maar denken aan hoe zij die oorlog ervoer. Ik was op een feestje in Amsterdam-Zuid waar heel heftig tegen Arabieren werd gefulmineerd en plotseling stond mijn plan vast: ik moest naar haar toe. Aanvankelijk dacht ik dat ik misschien alleen een verhaal zou schrijven voor de *Haagse Post*, waarvoor ik toen nog werkte, maar na een paar dagen al besloot ik te blijven, en uiteindelijk heb ik een halfjaar bij haar gewoond. De kiem van dat boek lag er al heel lang, ik was geïnteresseerd in de dilemma's van Arabische intellectuelen, in hoe zij naar het Westen kijken en hoe Israël als het ware tussen hen en het Westen in ligt, als een muur waar ze overheen moeten. Hala was de persoon die mij de gelegenheid gaf dit verhaal te vertellen.'

'Mali Blues', het titelverhaal uit de gelijknamige bundel, is veel minder gepland ontstaan. 'Ik had heimwee naar Congo, maar kon er niet naartoe omdat het er te gevaarlijk was en ik geen zin had met een lijfwacht te reizen. Ik bezocht een vriend in Senegal die mij meenam naar het noorden van het land waar hij me neerplantte in de familie van zijn spirituele vader en zei: "Ga hier maar graven, dit is ook Afrika." En gravenderwijs kwam van het een het ander. Ik was altijd al geïntrigeerd door Afrikaanse muzikanten die door Europa reisden; ze leken zo op hun gemak in beide werelden. Toen woonde ik in Mali een concert bij van Boubacar Traoré, bijgenaamd Kar Kar, naar wiens muziek ik thuis al enige tijd luisterde. Hij intrigeerde me zo dat ik besloot te blijven. Ook voor dat verhaal heb ik aanvankelijk heel weinig gereisd. Ik zat maar in die buitenwijk van Bamako waar Kar Kar woonde. Toen hij eindelijk telefoon had belde ik eens met een kennis op de Nederlandse ambassade, die zei: "Zit jij daar nog steeds? Wat ben je in hemelsnaam aan het doen?" Op dat soort momenten twijfel je wel eens. Ja, wat ben ik eigenlijk aan het doen? Je moet sterk in je schoenen staan om de enorme vertraging waaraan je jezelf hebt onderworpen, te doorstaan.'

Een ander boek, *De melancholieke revolutie*, over Hongarije na de val van het communisme, ontstond weer uit een heel andere impuls. 'Ik woon al heel lang samen met een Pool. De democratiseringsbewegingen die in Oost-Europa in de jaren tachtig losbraken, interesseerden me natuurlijk. Maar ik wilde niet naar Polen gaan, want dat was zíjn land. Toen zag ik een programma van Wim Kayzer. Een van zijn gespreksgenoten was György Konrád. Terwijl ik luisterde naar het aangename timbre van Konráds stem, vroeg ik me af: iemand die zoveel gruwelijke dingen heeft meegemaakt maar toch met zoveel liefde en inzicht spreekt over zijn jonge jaren: uit wat voor land komt hij? Niet veel later ontmoette ik Konrád in Nederland en vertelde hem dat ik hem graag in Hongarije wilde opzoeken. Het liefst was ik met hem door Hongarije gereisd, maar hij had het veel te druk, hij dacht dat hij alleen een paar vragen hoefde te beantwoorden en dat het daarmee afgelopen was. Uiteindelijk heeft hij niet zo'n grote rol gespeeld in het boek maar de impuls was er en toen ik eenmaal in Hongarije was, ontmoette ik mensen die me wel toelieten in hun leven. Ik ging erheen om voor de *Haagse Post* een portret van Konrád te maken. Hij had me gezegd dat ik naar de herbegrafenis van de terechtgestelde premier Imre Nagy moest gaan. Dat deed ik, het was heel indrukwekkend, al die mensen op het Heldenplein in Budapest die elkaar een hand gaven en stonden te huilen. Het onderwerp zoog me als het ware naar binnen. De eerste weken van mijn verblijf heb ik een heleboel documentaires gezien. Dagenlang zat ik in het donker naar films over Rákosi en het stalinisme te kijken, en als ik weer buiten stond zag ik de mensen uit die films als het ware tot leven komen, mannen met grauwe gezichten, oude vrouwtjes die een bosje bloemen met een touwtje eromheen te koop aanboden.'

Als gezegd: weinigen zullen in staat zijn zoveel tijd in een onderwerp te investeren als Lieve Joris doet, maar de resultaten die ze bereikt kun je zien als aansporing om dat in elk geval na te streven. Samenvattend zou ik zeggen: neem de woorden van Carolijn Visser ter harte. Bereid je goed voor, lees alles waar je de hand op kunt leggen zodat je dat wat je ziet en hoort beter kunt 'plaatsen' dan de doorsneereiziger. Focus op je verhaal, maar schakel nooit je vermogen uit je te laten verrassen. En dat gebeurt niet zelden als je ter plekke aan het werk bent.

HOOFDSTUK 6

Rondslenteren en aantekeningen maken

HOE GA JE TER PLEKKE TE WERK?

Misschien heb je al kunnen afspreken met een uitgever of tijdschriftredacteur dat hij of zij je reisverslag welwillend zal bekijken. Misschien heb je zelfs wel een voorlopig contract of een afnameverplichting los weten te peuteren.

Als dat zo is ben je waarschijnlijk de fase al voorbij dat je twijfelde of je wel iets origineels aan te bieden hebt over het doel van je reis of de reis zelve. Het is geen overbodige luxe je dat voortdurend af te blijven vragen. Niemand, behalve je familie en vrienden, zit te wachten op je aangeklede vakantieverhalen. Het is, als je twijfelt en naar een niet al te afgelegen oord reist, aan te bevelen alsnog een notebook mee te nemen (geen papieren maar een elektronische wel te verstaan; in het algemeen zou ik dit niet aanbevelen, zie p. 59) en je eigen weblog zo frequent mogelijk te versturen. Dan kan er later alsnog bekeken worden of de schrijfsels een boekpublicatie waard blijken te zijn.

Aantekeningen

Mijn drie eerste aanbevelingen luiden:

1. maak zo veel mogelijk aantekeningen
2. maak zo veel mogelijk aantekeningen
3. maak zo veel mogelijk aantekeningen.

Dit klinkt flauw, maar ik kan niet genoeg de noodzaak hiervan onderstrepen. Je aantekeningen zijn als het ware je werkkapitaal. Neem een stapel handzame blanco boekjes mee, nummer ze en schrijf álles op wat je opvalt. Het zal voorkomen dat, wanneer je dit in een druk café of restaurant doet, de gesprekken rondom je terstond op fluistertoon worden voortgezet. Het zal ook voorkomen dat je argwaan wekt als je aantekeningen maakt terwijl je met iemand zit te praten, of dat het onbeleefd aandoet in zekere situatie. Wend dan diarree voor (in veel landen zeer geloofwaardig) en bezoek regelmatig het toilet of wat daarvoor doorgaat, en vergeet pen en aantekenboekje niet.

Als ik zeg: schrijf alles op wat je opvalt, moet ik hierbij aantekenen dat je al tevoren kunt weten dat bij de uitwerking een opeenstapeling van louter impressies niet werkt. Mij is altijd het beeld bijgebleven van Geraldine Chaplin als de radioverslaggeefster in de film *Nashville* van Robert Altman. Niet gehinderd door enige kennis van zaken loopt zij in die film over een Amerikaans autokerkhof allerlei impressionistische onzin in haar microfoon te bazelen terwijl haar ontgaat wat er werkelijk om haar heen gebeurt. Het is goed dat beeld in het oog te houden als voorbeeld van hoe het niet moet. Je impressies kunnen nog zo overweldigend zijn, louter en alleen een opsomming daarvan is niet interessant. Schrijf dus vooral datgene op wat in dienst staat van je verhaal; houd je focus in de gaten, de aantekeningen sturen dan als het ware al wat je wilt vertellen.

Het zal zeker voorkomen dat je door een zekere flauwte wordt overvallen terwijl je bezig bent aantekeningen te maken, omdat zoveel details nu zo vanzelfsprekend lijken. Maar als je terug bent, zijn ze dat niet meer. De gids die zich aan je opdrong was westers gekleed, akkoord, maar wat voor tekst stond er op dat T-shirt? Welk merk had zijn polshorloge? Waar zei hij ook weer dat zijn neef studeerde, in Baltimore of Pittsburgh? Wat zit er in die bruine flesjes die men in de kerk offert aan de goden? Op de markt zie je dozijnen soorten pepers, maar hoe heten ze?

Overigens moet ik hier ook meteen een nuance in aanbrengen. Soms kan een gesprek zo intens zijn dat de handeling van het schrijven je overige waarneming in de weg zit; prent je dan voldoende trefwoorden in en werk alles uit zodra het gesprek is afgelopen. Je zult verbaasd zijn wat je je kort erna nog allemaal herinnert.

Denk vooral aan alles wat kleur kan geven aan het verhaal. Opschriften, reclameborden, krantenkoppen, bewegwijzering: het mag je gaan vervelen na een paar dagen, maar de lezer heeft het allemaal niet gezien en je weet nooit wanneer het in je verhaal een plek kan krijgen. Vergeet niet dat authenticiteit heel belangrijk is, dat je de lezer veel sneller meesleept wanneer je schrijft over frangipani, oleanders, eucalyptus, diwi-diwi dan over 'bloemen en bomen langs de kant van de weg'. (Overdrijf dit overigens niet: met name Indonesiëgangers hadden dikwijls de neiging hun verhalen zo met lokale termen te overladen dat ze onbegrijpelijk werden.)

Wees niet bang in je aantekeningen al subjectiviteit aan te brengen: je eigen mening kan van pas komen maar ook bij de uitwerking weer weggelaten worden. Op het Zocalo van Mexico-Stad staan dozijnen werkloze mannen hun diensten aan te bieden, hun beroep geschreven op een stuk karton in hun hand. Zo'n zin zegt veel meer als je die beroepen erbij vermeldt: tuinman, loodgieter, leraar Frans, elektricien, metselaar, huisschilder.

Show, don't tell, het geldt niet alleen voor filmscenario's maar ook in hoge mate voor reisbeschrijvingen. Ook de mariachi's op de Plaza Garibaldi, lopende jukeboxen die je kunt inhuren om een liedje voor je te zingen, hebben weinig werk, al heel lang. Dat kun je ze laten vertellen, maar je kunt ook de versleten randen van hun sombrero's, de glimmende ellebogen van hun veel te krap geworden jasjes beschrijven, de hongerige intensiteit waarmee ze je blik proberen te vangen.

Natuurbeschrijvingen zijn vaak saai, pik de juiste details eruit. Soms zul je geïrriteerd raken door de schetsmatigheid van je aantekeningen, de oppervlakkigheid ook. Maar bedenk steeds dat ze als geheugensteun werken en dat te veel altijd beter is dan te weinig. Een pagina van een aantekenboek voor een reisverhaal dat ik ooit over Birma maakte ziet er als volgt uit: 'Duister, boot al vol. Eerst een bel, stoomfluit, twee korte fluitjes maar er gebeurt niets. Halfzes trossen los, na drie x korte stoomfluit. Daarna verrassend snel op weg. In het duister een voor een witte puntjes op de oever, de sterren verbleken, de pagodes als hun evenbeeld op aarde. Klein uur later licht, zijn de met pagodes bezaaide oevers van de rivier te ontwaren. Sagaing.'

Dat werd uiteindelijk de volgende alinea: 'Als de diapositieffilm van een vallende sterrennacht, zo zag het eruit. Een klein uur waren we nu onderweg, een uur nadat in het stikkedonker eerst een bel had geklonken en toen een korte stoomfluit en toen een paar kleinere fluitjes. Nog niks was er gebeurd, het rumoer en het gekwetter van de mensen op het dek waren gewoon doorgegaan en pas toen een paar minuten later drie harde en bijna norse stoten op de stoomfluit hadden geklonken, waren de trossen losgegooid en waren we ineens, verrassend snel, onderweg. Maar nu pas werd het licht, in de verte spande de lange Ava Bridge zich over de rivier [...] en rechts werden we de contouren gewaar van de heilige stad Sagaing en de heuvels eromheen waarop, heel, heel langzamerhand, zich honderden lichte puntjes begonnen af te tekenen, groot en klein, heel groot en heel klein, witte driehoekjes, steeds wat beter zichtbaar naarmate het lichter werd: pagodes, honderden pagodes, steeds meer naarmate we naderden en de ochtendwereld om ons heen kleur kreeg. Een schouwspel dat ons stil maakte, stiller dan we al waren, en waarvan het moeilijk te geloven was dat de timing níét was voorzien om ons, naderbij varende toeschouwers, met stomheid te slaan.'

Veel rondlopen is mijn devies, verzamel de details die het verhaal vertellen. Is in het Polen van 1989 net de vrije handel toegestaan na veertig jaar communistisch bewind? Dan zie je dit: 'Daar biedt een rijtje bars kijkende huisvrouwen plastic tasjes met kleurige opschriften aan, zelfgebreide mutsen en wanten; een meisje toont weinig hoopvol een enkele panty, waarin ze haar vuist heeft gestoken om het dessin beter te laten uitkomen. Ginds heeft een man op een krant vier douchekoppen, vijf flesjes cola, een paar stukgelezen boeken met voor mij niet te ontcijferen titels en een rijtje speldjes van Solidarność uitgestald. Naast hem staat een kleumende man met in zijn hand twee bosjes chrysanten, nog maar net uit zijn eigen tuin aan de nachtvorst ontrukt.'

Het is een citaat van mijzelf, maar je zult het met me eens zijn dat dit beter werkt dan wanneer er wordt vermeld dat 'in de stations en passages van de ondergrondse allerlei spullen te koop worden aangeboden'.

Ook Lieve Joris benadrukt het belang van aantekeningen maken. 'Het is niet altijd eenvoudig; je bent op plekken waar mensen het al evenzeer wantrouwen als camera's. Toen ik mijn verhaal over Kar Kar (*Mali Blues*) aan het opschrijven was, pakte hij soms gewoon mijn aantekenboekje uit mijn handen, maar op den duur begon hij me aan te moedigen: dit moet je opschrijven! Het vereist een grote discipline: als iedereen naar bed gaat, moet jij je notities uitwerken. Dat is zwaar, maar noodzakelijk. Aantekeningen maken kun je leren. Soms denk je achteraf: waarom heb ik dat niet opgeschreven? In mijn boek *De Golf* beschrijf ik de voorbereidingen van mijn reis: het aanvragen van visa, het contact met de Saudische ambassadeur. Terwijl het gebeurt weet je niet dat dit ooit onderdeel van het verhaal zal worden.'

Hulpmiddelen

Nu recorders en digitale camera's zo handzaam zijn geworden dat ze zelfs meegenomen kunnen worden als je met extreem weinig bagage verkiest te reizen, zijn deze twee apparaten bijna onmisbaar, ook als je niet van plan bent de foto's te publiceren. Het kan voorkomen dat je op een druk plein staat of tegenover de façade van een uitzonderlijk mooie kerk. De indrukken overweldigen je dermate dat je niet meer weet waar te beginnen in de beschrijving. Fotografeer dan alle details. Lieve Joris werkt met hele stapels foto's op haar bureau als geheugensteun bij het beschrijven van een scène. 'Soms bevestigt het je aantekeningen. Ik heb een slecht geheugen voor landschappen en dan helpen foto's. Maar ook simpele dingen als: wat hadden mensen voor kleren aan, wat voor schoenen? Want je raakt zo gewend aan je omgeving dat je dat vergeet op te schrijven.'

Hetzelfde geldt voor microrecorders. Aangezien het mijn aanbeveling is met zo veel mogelijk mensen te spreken zul je dikwijls voor het probleem komen te staan dat je hun dialect niet onmiddellijk verstaat of dat ze gewoon te snel praten. Niet zelden ook is hun manier van formuleren zo bijzonder dat je iets van die eigenaardigheid in je verslag wenst te laten horen. Wat wordt er allemaal geroepen tijdens die demonstratie? Wat zegt die voorganger in de kerk waarom iedereen zo moet lachen?

Maar soms, zo bevestigt Lieve Joris, is een recorder te gevaarlijk. 'Met Kar Kar had ik er geen nodig want ik wist na verloop van tijd hoe hij praatte; op den duur kan ik iemands taal dromen. Dan hou ik ook wel eens op met noteren. Langzamerhand schroeit alles dicht, dan hoor ik iemand praten en denk: ik weet het al, zo praat hij. Dat is doorgaans het moment om weg te gaan.'

Notebook

Dit is een punt van overweging waarvan de uitkomst heel erg afhangt van je reisdoel. Ga je naar een hoofdzakelijk stedelijke omgeving met goede verbindingen, aansluitmogelijkheden en goede faciliteiten om het ding veilig op te bergen, dan valt het meenemen van een notebook in het algemeen aan te bevelen. Maar hoe ruiger het wordt, hoe dubieuzer de voordelen. Bij lange trektochten wordt je notebook een fysieke belasting, en zeker als de batterij geregeld moet worden opgeladen is profijt niet gegarandeerd. Er zijn momenten dat je het apparaat zult vervloeken en wenste dat je in plaats daarvan een kaars (of zaklantaarn, meer Imodium, vul maar in) had meegenomen.

Val onder die omstandigheden liever terug op het vertrouwde handwerk. Je kunt dan weliswaar niet bloggen, en je ervaringen onmiddellijk met het thuisfront delen, maar dat zal meestal toch niet je eerste doel zijn. En het artikel of hoofdstuk ter plekke stileren en afmaken heeft, in mijn ervaring, ook zo zijn nadelen. Dikwijls ben je zo geabsorbeerd door de plek waarin je je hebt laten onderdompelen dat de kleine omgekeerde cultuurschok van het thuiskomen je juist weer kan helpen de kopij meer naar de belevingswereld van je publiek toe te sturen.

Ga overal direct op af

Deze aanbeveling komt voort uit mijn ervaringen als radioverslaggever. Voordat ik voor de VPRO radioreportages ging maken, vanuit een standplaats waar ik maanden verbleef, was ik een nogal schuwe reiziger die zijn informatie bijeensprokkelde uit visuele indrukken, drukwerk en gearrangeerde interviews met lokale bewoners. Voor de radio bleek dit uiteraard een totaal onwerkbare methode. Immers: als je niets op tape hebt staan, heb je geen uitzending (gesproken reisbrieven zijn een saaie radiovorm). En dus leerde ik mezelf aan mijn gêne te overwinnen en op betrokkenen af te stappen, en dat heeft mijn methodologie totaal veranderd. Als in een reisverslag over Mexico de luchtvervuiling in de hoofdstad aan de orde kwam, kon je natuurlijk ook volstaan met de statistieken over het aantal uren dat je erover doet het centrum te bereiken, de beschrijving van je eigen geïrriteerde ogen. Maar een bezoek aan het instituut waar men de vervuiling meet, gesprekken met de mannen in de witte jassen daar, verheldert al veel meer. Evenals een gesprek met je buurman, die je uitlegt dat hij net een tweede auto heeft gekocht, een oude vervuilende bak met een 7 als laatste cijfer op de nummerplaat, goedkoop omdat op zaterdagen alleen auto's met een even laatste cijfer de straat op mogen.

Deze radiomethode heeft sindsdien ook mijn strategie bij het schrijven radicaal veranderd.

Ik probeer zo veel mogelijk tot de kernpersonen van een kwestie door te dringen en hen vervolgens in hun eigen woorden te portretteren. De maandelijkse demonstratie van de dwaze moeders van Tegucigalpa (jazeker, daar ook) beschrijven is informatief, maar je verhaal wordt een stuk beter als je met een van hen na afloop thee gaat drinken en haar (huilend, af en toe krijsend van verdriet) laat vertellen onder welke omstandigheden haar zoon is 'verdwenen'.

In de boeken van Lieve Joris wemelt het van de mensen, die heel veel kleur aan haar verhalen geven. Ze heeft twee talenten die haar uitermate goed van pas komen bij haar werkwijze: ze is open, waardoor ze makkelijk contact legt, en ze is bereid zich ergens in te graven voor een lange periode, een tijdsspanne die bij andere schrijvers rusteloosheid zou veroorzaken. Daarbij is ze, zoals ze zelf zegt, een dorpsmeisje. 'Ik begrijp steden niet, ik zie ze niet als iets dat afzonderlijk bestaat, ze krijgen hun context op het platteland. Tijdens de research voor *Het uur van de rebellen* had ik de moeilijkheid dat de man die ik als mijn centrale personage wilde opvoeren heel gesloten was; ik kwam veel dingen over hem niet te weten en dat heb ik proberen op te lossen door naar zijn geboortestreek te gaan. Hij had me bijvoorbeeld verteld dat zijn vader was overleden, maar dat bleek niet waar te zijn. Hij voelde zich alleen een weeskind omdat zijn biologische vader zich nooit als zodanig had gedragen. Nadat ik in zijn geboortedorp was geweest kon ik dat veel beter begrijpen.'

Wie de methode van Lieve Joris wil navolgen zal er ook aan moeten wennen zich gedurende langere tijd 'in te graven'. Ze zegt: 'Ik logeer altijd bij mensen, ik ben een lowbudgetreiziger. Ik heb geen kinderen, nooit een auto gehad, ik ben geen big spender. De vrienden die me onderweg helpen laat ik altijd delen in wat ik heb. Ik leef graag dicht bij mensen. Als je in een hotel zit, denken ze dat je veel geld hebt. Of dat een strategie is? Een beetje, maar ik word ook ongelukkig als ik het anders doe. Ik heb in Congo wel eens in een VN-compound gelogeerd, maar toen dacht ik meteen: ik wil hier weg, al die mannen met walkietalkies om me heen, uitzicht op een luxe tennisbaan... en ben ingetrokken bij Congolese vrienden. Op een gegeven moment ontdek je dat je "aan de binnenkant" van een samenleving bent; als ik, voor *Mali Blues*, wel eens in mijn eentje naar de markt van Bamako ging, riepen de mensen me achterna: "Kar Kar!" omdat ze me daar gewoonlijk met hem zagen. Dat betekende: we kennen je, we weten wie je bent. Al die mensen over wie ik heb geschreven, ze zijn door de jaren heen tot mijn familie gaan behoren. Hun handen en voeten steken uit mijn boeken, voor lezers is het niet meer dan een boek, maar voor mij is het veel meer.'

Er zijn natuurlijk schrijvers die radicaal anders te werk gaan, en dat zijn niet altijd de minsten. Cees Nooteboom is zelfs van mening dat zonder onzichtbaarheid geen observatie mogelijk is. Met andere woorden: ga er juist níét op af maar blijf op de achtergrond observeren.

Zelf heeft Nooteboom de fase waarin hij zijn materiaal verzamelt als volgt beschreven: 'Het gebeurt op elke reis, of liever: het gebeurt mij op elke langere reis. De tijd dat ik van huis weg ben, stagneert, stolt, wordt een soort massief, raar ding dat zich achter me sluit. Dan ben ik weg, ik ben aan iets anders onderhorig geworden, aan het reizen, aan het ijle element van nergens bij horen, aan het verzamelen van het andere. Ik heb er een woord voor gezocht, en ik kan het niet anders zeggen dan zo: ik raak *uitgebreid.* Nu is dat in de gedachte van Spinoza een van de twee attributen van God, dus ik moet oppassen, maar toch. Ik dij uit met datgene wat ik opslorp, zie, verzamel. Dat is geen hoger weten, het is eerder een aanslibben, aanklitten van beelden, teksten, van alles wat van de straat, de televisie, uit gesprekken, uit kranten naar mij toestroomt en zich aan mij of in mij vastzet.' (Uit: *De omweg naar Santiago*)

Prachtig geformuleerd, en in het geval van Nooteboom werkt het inderdaad meestal uitzonderlijk goed omdat hij een goed observator is en bovenal natuurlijk een subliem, poëtisch stilist. Maar in de handen van minder getalenteerde schrijvers zullen die observaties vanaf de beschaduwde zijlijn vaak niet meer worden dan weinig verhelderende mooischrijverij – op zijn best. Nooteboom is de eerste om in te zien dat het werk van bijvoorbeeld Kapuściński zeer van het zijne verschilt. 'Ik heb ook wel eens geprobeerd wat hij deed, voor *Bitter Bolivia, Maanland Mali* probeerde ik eindeloos gesprekjes te voeren. Ik vond het heel zwaar, almaar te moeten antichambreren, en maar afwachten of er iets van komt, of mensen je toelaten. Ik ben er snel van afgestapt, omdat ik andere dingen belangrijker vond. Maar Kapuściński was er een meester in.' (NRC *Handelsblad*, 26 januari 2007)

Focus

Zorg voor een duidelijke focus, ook als de tocht zelf je onderwerp is. Wanneer je van tevoren je onderwerp zo duidelijk als maar kan hebt afgebakend, kun je je waarnemingen in dienst laten staan van die focus en kan je meer gericht aantekeningen maken in plaats van een opeenstapeling van waarnemingen en indrukken noteren. Halverwege van focus veranderen kan soms werken als je denkt dat je een sensationele ervaring op het spoor bent, maar de afweging dient gemaakt te worden of alles wat niet ten dienste staat van die nieuwe focus dan ook weggegooid moet worden – of dat een hybride oplossing de redding is. Ik zal twee voorbeelden uit mijn eigen praktijk geven. In 1991 vertrok ik naar Addis Abeba, waar zojuist het regime van Mengistu was verdreven. Dat einddoel bleek minder makkelijk bereikbaar dan ik had gedacht; ik moest in Nairobi ruim een week wachten op het eerste vliegtuig. Dat werd een enerverend en weinig verheffend gevecht met alle andere collega's, die ineens niet meer zo collegiaal bleken te zijn, om de weinige beschikbare plaatsen in het eerste vliegtuig van Ethiopian Airways dat naar Addis Abeba zou vertrekken.

Maar de ervaring van de aankomst was overweldigend. Ik ben altijd meer geïnteresseerd geweest in een betwiste plek als het stof van de beroering net is neergedaald dan in de geweldshandelingen zelf. (Lang niet iedereen is dat met mij eens, Arnold Karskens bijvoorbeeld niet, maar die is dan ook gespecialiseerd in gevechtshandelingen.) De soldaatjes, vaak kinderen nog, van het EPRDF, het zegevierende Ethiopisch Democratisch Revolutionair Volksfront, hadden de stad nog maar net onder controle en het was fascinerend om te zien hoe hun dunne laag van beheersing over de oeroude stad lag. Ze kropen 's ochtends onder hun tanks vandaan of uit de laadbakken waarop hun luchtafweergeschut stond gemonteerd. Anderen hadden geslapen onder de bomen in de tuin van het paleis van Haile Selassie, en geeuwden en rekten zich uit, knipperden tegen het nog dampige daglicht en wikkelden hun deken om hun hoofd of om hun schouder en drukten koesterend hun kalasjnikov tegen hun tanige lijfjes. Hun kalasjnikov, hun vriend, een soort dodelijke schuimspaan, gereduceerd tot het allernoodzakelijkste, net zoals zijzelf. Kinderen waren het, kleine donkere boerenjongens, maar ook meisjes, zestien, zeventien jaar, zelden ouder leek het. Hun deken en hun automatisch geweer waren alles wat ze hadden en die waren hun dan ook zo vertrouwd als hun eigen huid en hun lichaam zelf, het enige tastbare houvast in hun leven, behalve hun tank of gevechtswagen waartegen ze zich als een veulen tegen zijn moeder aanvlijen, hun huis in die jaren van strijd, in die jaren van oorlog en woestijn en koude nachten, hun huis dat ze nooit in de steek heeft gelaten, ook hier, in de vreemde en vijandige hoofdstad niet.

Toen deed zich ineens een unieke mogelijkheid voor, dacht ik. Bij het ministerie van Informatie kreeg ik te horen dat de oude bewindhebbers die niet waren gevlucht, opgesloten waren op de campus van de School voor Politieke Wetenschappen. Ineens dacht ik 'een Kapuściński te kunnen doen'. Diens boek *De keizer*, over het bewind van Haile Selassie, was immers ook grotendeels geschreven op basis van gesprekken met de hofhouding, de mensen rondom de keizer. Kan ik met ze praten, vroeg ik de die ochtend geïnstalleerde minister (uniformjasje aan, benen op het bureau waar ook zijn kalasjnikov lag). Waarom zou u met ze willen praten, vroeg hij, die mensen zijn misdadigers! Maar hij haalde zijn schouders op en schreef iets op een briefje. De volgende dag kreeg ik een kamertje toegewezen op de campus, waar achtereenvolgens de kopstukken bij me werden voorgeleid: de premier, de vicepresident, de persoonlijk adjudant van Mengistu, nog een paar. Ik mocht met ze praten, elk een uur. Ze praatten behoedzaam, maar ook met de arrogantie van de hun nu ontnomen macht. De gesprekken waren informatief maar natuurlijk nooit intiem, en kwamen niet in de buurt van wat Kapuściński voor elkaar had gekregen. Maar die had zijn informanten dan ook persoonlijk benaderd, 's nachts, in hun eigen schuilplaats. Hij moest van auto wisselen en ook van vermomming, was 'doorgedrongen in de bochtige en met modder overdekte straatjes op weg naar de huizen die van buiten de indruk wekken dat ze verlaten zijn, dat er niemand woont'. Daar had hij zijn informatie vergaard, gedurende weken en weken. Tijd is belangrijk, tijd en heel veel geduld. De halfslachtige poging die ik ondernam verscheen nu als een soort appendix achter het verslag. Ik had het nooit moeten doen.

Een andere keer blijkt juist een satelliet van het hoofdgebeuren de juiste keuze. In 1989 was ik in Panama voor de VPRO-radio. Noriega was nog aan het bewind, en zijn gewapende straatvechters hadden in de aanloop naar de verkiezingen ongewoon veel geweld gebruikt. Daar ging mijn radioreportage over, maar toen ik terugkwam bleek over die gewelddadigheden al zoveel te zijn geschreven dat ik ervoor koos vervolgens voor de krant (NRC *Handelsblad*, 27 mei 1989) een zijpad te beschrijven: de moord op een invalide Nederlandse pater in een afgelegen provinciestadje door een nerveuze regeringssoldaat. De beroering die het land beheerste schemerde wel door het verhaal heen, maar door die beroering verder weg te laten had het verhaal een focus gekregen dat het minidrama juist versterkte.

HOOFDSTUK 7

De waarheid en de leugen

HOE WERK JE JE MATERIAAL UIT?

Voor het schrijven van een reisreportage gelden deels dezelfde wetten als voor elke andere journalistieke reportage. En zoals de journalistiek al heel lang gebruikmaakt van literaire technieken, zo kan het reisverhaal daar vanwege zijn uit de aard altijd onderzoekende karakter optimaal gebruik van maken.

Lange tijd is het zeer modieus geweest te beginnen met een sterke scène, om de lezer meteen in het landschap en de essentie van de beschreven omgeving te betrekken, hem als het ware te verleiden. Dit is een beetje een uitgemolken procedé geworden en je moet je erg goed afvragen of de gekozen scène wel een scène is die de lezer pakt en meteen in het onderwerp zuigt. Ik wil twee voorbeelden van mezelf noemen, één waarvan ik achteraf gezien vind dat het totaal niet werkte, en één dat wel werkte. Het eerste is uit de in hoofdstuk 6 genoemde reportage over de moord op pater Van Kleef in Panama. Het begint zo:

'Als ondeugende jongetjes gedragen ze zich, de Padres Paulinos van Concepción; maar als ik in hun Casa Cural argeloos op de aangewezen plaats wil aanschuiven voor de lunch kijken ze met plotselinge ernst toe. "Dat was Nico's plaats," verduidelijkt father Lawler, een krachtige, welbespraakte man in een wit T-shirt. "Hij reed zichzelf altijd naar die plek aan het hoofd van de tafel. Gisteren hebben we er maar een stoel neergezet, het stond zo leeg. Je bent de eerste die er zit."' (Uit: *Reizen maakt rijk*)

Ik had voor deze scène gekozen om aan te geven hoe werelds de paters waren en hoe schijnbaar laconiek ze met de dood van hun Nederlandse collega omgingen. Het gaat zo ook nog even door, en pas twee volle pagina's verder worden de dramatische dimensies van diens dood zichtbaar. Dat is te laat, ik zou het nu anders doen.

Mijn andere voorbeeld gaat ook al over een moordzaak en daar werkt het wel, vind ik. Hier ging het over de gruwelijke moord van drie blanke jongemannen die in het oosten van de Amerikaanse staat Texas een zwarte stadgenoot achter hun truck hadden gebonden en meegesleurd tot zijn hoofd van zijn romp was gescheiden. Ook hier koos ik ervoor niet met de gruwelijke details van de moord te beginnen, en ook niet op *death row*, waar ik een van de daders sprak. Het begint zo:

'Er zullen maar weinig *counties* in de Verenigde Staten zijn die de reiziger, in dit geval komend vanuit het westen, zo grimmig welkom heten als Jasper County, Texas. De Neches River vormt hier de grens met Tyler County, en hij is breed en moerassig, ver buiten zijn oevers getreden, getuige de plukken bomen diep in het stilstaande, wat onheilspellend ogende water, de meeste zo diep dat ze zelfs hun luchtwortels niet tonen. De metalen brug over het diepst van de rivier ziet er zo doorgeroest uit dat de automobilist onherroepelijk even op de rem trapt of ten minste snelheid mindert. Is dit wel veilig? De pijnboomwouden zetten zich nog elf mijl voort en openen zich dan voor Jasper zelf, Population 7160. Een klein onopvallend stadje zoals er honderden zijn in Texas, duizenden in de VS. Het soort stadje waarvan je, erdoorheen rijdend, verzucht: Goddank dat ik niet jong en ambitieus en hier geboren ben. Traditioneel leeft het van de houtkap, en nog steeds denderen de opleggers met boomstammen met een "uit de weg-wij horen hier"-snelheid af en aan over de highway door het stadje. Maar de vraag naar *timber* wordt steeds minder, en de mensen van Jasper zijn wanhopig op zoek naar nieuwe banen, vooral voor de vele uitzichtloze jongeren van het stadje, dat ongeveer in een verhouding 60/40 verdeeld is in blank en zwart.' (Uit: *De Tweede Amerikaanse Eeuw*) En zo gaat het nog even door, ik zoom als het ware in, geef gaandeweg steeds meer details prijs die voor het verhaal relevant zullen blijken, en kom dan uiteindelijk terecht op het *logging path* aan het noordoosten van het stadje, waar de moord werd gepleegd.

Ik had er, zoals gezegd, ook voor kunnen kiezen op death row te beginnen, of in gesprek met de sheriff die de daders oppakte. Maar ik koos voor deze inzoommethode, om langzaam het wat lugubere, uitzichtloze karakter van de omgeving neer te zetten waar het zich afspeelde.

Als je je aantekeningen zit uit te werken (en dat kan thuis zijn of nog ter plekke) merk je hoe belangrijk het is dat je eindeloos boekjes hebt volgekrabbeld. Nu gaat het erom te stileren. Je gaat iets wat weken, soms maanden heeft geduurd, comprimeren tot een leeservaring van hooguit enkele uren. Daarbij moet je keuzes maken, een vorm vinden, creatief met al je genoteerde en herinnerde ervaringen omgaan. Lang niet alles wat je hebt genoteerd is interessant, en ook lang niet alles staat in dienst van je rode draad. Houd dat laatste voortdurend in het oog, welke vorm je ook kiest. Bij het schrijven van filmscenario's moet de *script-writer* voortdurend de premisse van de film (oftewel het in één zin samengevatte verhaal) in zijn achterhoofd (of op zijn prikbord met scènes) hebben. Een soortgelijke aanbeveling zou voor reisschrijven ook goed zijn: hier is het je focus die je in het oog moet houden.

Zoals gezegd: het is doorgaans aan te bevelen het thema van je verhaal al bij aanvang van de reis bepaald te hebben. Maar soms verandert je optiek, dient zich een 'satelliet' aan die het verhaal gaat overnemen en dan moet je ook je uitwerking aanpassen. Als het goed is, komt die aanpassing vanzelf als je je aantekeningen doorneemt of uitwerkt.

Liegen

Mag je liegen in een reportage? Ja, mits je het integer doet. Dat lijkt op een contradictio in terminis, maar wat ik ermee bedoel is het volgende: als het voor de opbouw van een verhaal beter werkt een uitspraak aan iemand toe te schrijven die die uitspraak niet heeft gedaan, is dat geoorloofd, mits het naamloze toeschouwers/observators/ooggetuigen betreft. Ook mag je een gebeurtenis op een andere plek laten plaatsvinden als je daarmee het verhaal conciezer maakt en de essentie van de werkelijkheid geen geweld aandoet. Ik was rond 1990 in Warschau toen Solidarność net de macht had overgenomen. Op een plein stond een woedende menigte met uit de keukenla gegriste steekmessen, hamers en beitels op het standbeeld van Dzerzjinski in te hakken, de Poolse (!) stichter van de Russische KGB, en daarmee het symbool van alles wat men in het net weggevaagde communisme haatte. Iedereen die daar stond te hakken en te meppen had wel een opinie, maar voor mijn verhaal werkte het veel beter als ik al die meninkjes samenvatte in een monoloog van een van de woedende aanwezigen.

Adriaan van Dis zei hierover het volgende: 'Je mag als reisschrijver gebruikmaken van het instrumentarium van de romancier. Creëren van spanning, samenbrengen van twee gebeurtenissen, van drie karakters in één [...]. Een krant verwacht altijd een zekere reportagewaarheid, terwijl een reisschrijver zich meer vrijheden kan veroorloven dan een correspondent.' (Geciteerd in: *Schrijven*, mei/juni 1999)

Liegen mag altijd, en gebeurt ook heel vaak. Ik heb nooit geloofd dat de gesprekken die Theroux in zijn *De grote spoorwegcarrousel* voerde ook werkelijk ter plekke, in die volgorde, en met de ongelooflijke precisie waarmee hij ze opschrijft, werden gevoerd. Is dat erg? Natuurlijk niet. Het valt onder stilering, en let juist bij Therouxs boek op hoezeer die letterlijke weergave van de gesprekken leven aan de vertelling geeft.

Naarmate je reisverslag meer de vorm van fictie begint aan te nemen is natuurlijk veel meer geoorloofd. Dit is altijd een optie, maar één waarmee we eigenlijk buiten het onderwerp van dit boekje treden. Heel veel hoogtepunten uit de literatuur, klassiek of contemporain, zijn verhalen van een reis waar ook een werkelijke reis aan ten grondslag ligt. Het verschil met reisschrijven is dat de auteurs het verhaal zo hebben beladen met fictieve en literaire elementen dat de verhouding tussen werkelijkheid en verzinsel niet meer van belang is. Ik vind het van secundair belang te weten wat het autobiografische gedeelte (en dus 'werkelijkheidsgehalte') is van Kerouacs *On the road*, of, om een juweel uit de Russische klassieken te noemen, Tsjechows *De steppe*. Een ander voorbeeld: Robert Pirsigs *Zen and the Art of Motorcycle Maintenance*. Dit laatste boek beschrijft een reis, maar is tegelijk ook een hoogst originele filosofische verhandeling, een zoektocht naar het zelf van de auteur, en een vader-en-zoonroman. Interessant is wel dat de auteur in een voorwoord vermeldt dat 'what follows is based on actual occurences'.

Zijn deze boeken en verhalen beter omdat ze tot het domein van de letteren behoren? Die discussie loopt al een tijdje in de Nederlandse kritiek, namelijk sinds de term 'literaire non-fictie' is uitgevonden en het soort boeken zelfs tot apart genre is gebombardeerd. Mijn advies is: trek je hier helemaal niets van aan. Probeer zo goed mogelijk te schrijven, probeer zo origineel mogelijk te zijn, probeer niet literatuur te maken en probeer vooral je eigen verhaal te schrijven – met nadruk op verhaal.

Het zal maar zelden gebeuren dat je verhaal echt een plot heeft, maar dat ontslaat je niet van de verplichting spanning trachten aan te brengen waar dat kan. Zoals we hierboven zagen kan dat door met een sterke scène te beginnen, als die scène meteen het thema van je verhaal blootlegt. Vaak wordt gewaarschuwd tegen een al te lineaire beschrijving ('en toen, en toen' is dodelijk, denk ook aan Brugmans ergernis over de 'van-Schiphol-tot-Schiphol'-reisverslagen) maar er zijn ook voldoende klassiekers in de reisliteratuur waarin wel degelijk zo te werk wordt gegaan. Voorwaarde, welke vorm je ook kiest, is dat je de spanningsboog in de gaten blijft houden.

Carolijn Visser heeft wat dat betreft de volgende tips: 'Maak het niet te ingewikkeld. Ga niet knoeien met de chronologische volgorde. Als je met tijd wilt spelen, dan kun je bijvoorbeeld gebruikmaken van flashbacks. Of begin met "toen wist ik nog niet dat..." en neem zo een voorschot op wat gaat komen, dat geeft ook spanning aan een reisverhaal.' En: 'Ook een reisverhaal moet je in één ruk willen uitlezen. Vaak zie je ergens dat midden in het verhaal haperingen zitten, zodat het begint weg te lopen. Soms kun je een andere gebeurtenis naar voren halen waar je later weer op teruggrijpt.' (Geciteerd in: *Schrijven*, juni/juli 2001)

Zoals veel journalistiek van de laatste decennia methoden is gaan ontlenen aan de literatuur (het zogenaamde *new journalism*), zo geldt dit ook voor reisschrijven. Verschuiving van optiek kan goed werken: je kunt ervoor kiezen jezelf in het middelpunt van het verhaal te zetten maar ook proberen je juist in de reacties op jouw verschijning in te leven. Onthoud dat de tegenwoordige tijd en de ik-vorm doorgaans een grotere urgentie aan een vertelling meegeven dan de verleden tijd en de derde persoon enkelvoud. Experimenteer hiermee voor je echt gaat uitwerken. Besef de kracht van het werken in scènes, niet alleen als opening maar door het hele verhaal. Iemand die daar een meester in was is, alweer, Ryszard Kapuściński. Ik neem zijn klassieke *De voetbaloorlog* als voorbeeld. In het bestek van minder dan dertig pagina's geeft hij hier een verslag van een bizarre oorlog tussen Salvador en Honduras, dat bijna het karakter krijgt van een absurdistische novelle.

Het verhaal opent als een Márqueziaans kort verhaal: 'Luis

Suarez zei dat er oorlog kwam, en ik geloofde alles wat Luis zei. We waren samen in Mexico. Hij gaf me een lesje over Latijns-Amerika: wat het betekent en hoe het te begrijpen.' Daarna verschuift het verhaal heel langzaam in de richting van een beladen gebeurtenis, die historisch blijkt te zijn: de voetbalwedstrijden tussen buurlanden Honduras en El Salvador in de voorronde van het WK van 1970. Met prachtige details wordt beschreven hoe de spelers van Salvador in de Hondurese hoofdstad Tegucigalpa de nacht voor de wedstrijd uit hun slaap worden gehouden door schreeuwende, trommelende, vuurwerk afstekende en stenen gooiende Hondurezen. Honduras versloeg de slapeloze Salvadoranen de volgende dag, zoals voorzien. Maar een week later, bij de returnwedstrijd, gebeurde natuurlijk hetzelfde, zij het dat de Salvadoranen nog grondiger te werk gingen: zij braken alle ramen van het hotel en gooiden dode ratten, bedorven eieren en stinkende lappen naar binnen. En zo won Salvador de volgende dag. Een beslissingswedstrijd was nodig.

Het was op dat moment dat Luis Suarez zijn boven geciteerde voorspellende uitspraak deed. De volgende dag was Kapuściński in Tegucigalpa, net op tijd om de eerste bom op de hoofdstad te horen neerploffen. Vanaf dat moment past hij zijn stijl bij de snelle escalatie van het conflict aan door in korte scènes te schrijven, over zijn tocht door de aardeduistere stad op weg naar een onvindbaar telexapparaat en vervolgens naar het front. Daar wordt het verhaal pas echt dramatisch, met als hoogtepunt een dwaaltocht door de jungle met een Hondurese soldaat. Er wordt veel geschoten, er vallen doden om hem heen.

Het heeft niet veel zin dit prachtige verhaal verder samen te vatten. De voetbaloorlog duurde honderd uur, er vielen 6000 doden en meer dan 12 000 gewonden. Pas als het schieten afgelopen is, wordt Kapuściński weer de verslaggever en legt de onderliggende oorzaak voor de oorlog bloot: Salvadors behoefte aan Lebensraum. Honduras is bijna zes keer zo groot als El Salvador en heeft half zoveel inwoners. 'De enige kans,' besluit Kapuściński, 'voor kleine landen uit de derde wereld om levendige internationale belangstelling op te roepen is als ze besluiten tot bloedvergieten over te gaan.'

Ik kan dit verhaal wel honderd keer lezen, en besluit iedere keer dat het perfect is. Het heeft de dwingende spanning, de onvermijdelijkheid van een Roald Dahlverhaal. Door het werken met scènes die van groot naar klein gaan en van persoonlijk naar journalistiek, houdt de schrijver de spanningsboog stevig vast. Door zo te werk te gaan in plaats van chronologisch, door de achtergrond van het conflict pas later te introduceren, versterkt Kapuściński het absurde karakter van het conflict. In de handen van menig andere verslaggever was dit weinig meer geweest dan het zoveelste relaas van wapengekletter tussen heetgebakerde mensen.

Ja, makkelijk gezegd, zul je misschien verzuchten, maar hoe vaak krijg je de kans zo'n bizarre gebeurtenis van dichtbij te verslaan. Niet vaak, dat geef ik toe, maar dat illustreert alleen maar mijn vermoeden dat *being in the right place at the right time* ook een zeker talent vereist.

HOOFDSTUK 8

Boot, kameel, tractor

BIJZONDERE MANIEREN VAN REIZEN

'De reisliteratuur is armetierig geworden,' concludeert Paul Theroux somber in het eerste hoofdstuk van *De oude Patagonië-expres*. 'Men begint gewoonlijk met dat idiote uitzicht met de neus tegen het raampje van het opstijgende vliegtuig. De grappige eerste zin, dat gewrongen effectbejag, is nu al zo vertrouwd dat parodie haast onmogelijk wordt.' De grootste boosdoener in die ontwikkeling is het vliegtuig, een vervoermiddel dat inderdaad in Therouxs oeuvre onvindbaar is. 'Wanneer de passagier deze vorm van vervoer beschouwt als reizen en het publiek zijn boek aanbiedt, is de eerste buitenlander die de lezer ontmoet een man van de douane die in kleren woelt of een besnorde demon bij de paspoortcontrole.' Theroux betreurt dat 'vliegtuigen ons ongevoelig hebben gemaakt voor ruimte; we kunnen ons niet vrij bewegen, als geliefden die harnassen dragen'. Wat hem daarentegen interesseert is 'het wakker worden in de ochtend, de ontwikkeling van het vertrouwde naar het enigszins eigenaardige, naar het nogal vreemde, naar het totaal andere en ten slotte naar het bizarre. De reis, daar gaat het om, niet de aankomst; de boottocht, niet de landing.'

Dit alles als inleiding voor zijn treintocht van Massachusetts naar de zuidpunt van Patagonië, naar waar de rails eindigen, en het punt 'waar de reisboeken beginnen' waardoor Theroux zich 'zo bekocht' zegt te voelen.

'The best thing is to walk,' schreef Bruce Chatwin in zijn al eerder geciteerde *Anatomie van de rusteloosheid* en hij geeft een bijzondere lading aan deze aanbeveling mee door eraan toe te voegen dat 'geen enkele van onze revolutionaire helden iets waard was tot hij een flinke wandeling had gemaakt. Che Guevara sprak over de "nomadische fase" van de Cubaanse revolutie. Kijk naar wat de Lange Mars voor Mao deed, of de Exodus voor Mozes.'

Of Colin Thubron deze aanbeveling ter harte nam toen hij zijn wandeltocht van negenhonderd kilometer over Cyprus ondernam, weet ik niet, maar zijn verslag van een wandeltocht in 1972 is wel een van de mooiste reisboeken die er geschreven zijn. 'Om een zo gevarieerd land als Cyprus te ervaren wilde ik lopen. Je door een land bewegen dat van het ene dal naar het andere steeds weer een gedaanteverandering ondergaat, waar de ene kant van een bergketen een chaos kan zijn van kalkstenen heuvels en de andere een weidse vlakte die lieflijk met maïs is begroeid, een eiland dat zich in voortdurende verwondering over zijn eigen architectuur een weg zoekt tussen de eeuwen – hier gaan lopen is alleen doenlijk als je de tijd hebt. En ik had vier maanden: de lente en het begin van de zomer.'

In die tijd zou je naar Amerika kunnen lopen, bromt een van de eerste Cyprioten die hij ontmoet, of 'naar een fatsoenlijk land...'. De man verklaart hem voor gek maar hij weet nog niet, evenmin als de schrijver, dat het land zeer binnenkort in een heftige burgeroorlog verwikkeld zal raken en dat zo'n tocht 'de laatste zou zijn, misschien wel voor de komende tientallen jaren. [...] Het nerveuze nabuurschap dat ik in 1972 meemaakte,' schreef Thubron terugblikkend in 1985, 'was, besef ik nu, voor het eiland een gouden tijd – en dit is het verhaal over een land dat voorgoed is verdwenen.' Dat hij liep 'betekende dat ik mijn lot in de handen van de bevolking legde, een gebaar van vertrouwen, en dat ik het land benaderde zoals alle vroegere generaties het hadden gekend; dat ik het tot zijn oude afmetingen zou reduceren. [...] Waar ik zou slapen wist ik niet, maar ik vertrouwde op de gastvrijheid van de boeren en de zachte lentenachten.' (Thubron is overigens ook de auteur van al even benijdenswaardig mooi geschreven reisverslagen als *Achter de muur* (over China) en *Het verloren hart van Azië* (over de Zijderoute).)

Een prachtige methode om een bijzonder perspectief aan je verhaal mee te geven is een onorthodoxe manier van reizen te kiezen. En lopen is onorthodox geworden, maar Theroux heeft gelijk: er is geen betere manier om die ontwikkeling van het vertrouwde, via het enigszins eigenaardige en het nogal vreemde naar het uiteindelijk bizarre te maken. Je hoeft niet alleen te lopen: John Steinbeck nam trekkend door de VS zijn hond Charlie mee, en dat leverde een bijzonder perspectief op. En Arita Baaijens reisde, voor haar boek *Een regen van eeuwig vuur*, met twee kamelen door de Egyptische woestijn van de Oase Farafra naar de veel zuidelijker gelegen Kharga Oase. Het werd een fascinerend boek dat stoelt op een enorm doorzettingsvermogen, haar liefde voor de woestijn en vooral voor haar kamelen. Ze gaat op zoek naar restanten van oude beschavingen, ontmoet in isolement levende mensen, beschrijft haar eenzaamheid en wanhoop als er soms in geen dagen water in zicht is. Maar wat het boek draagt is de empathie met haar grote reisgezellen zonder welke het boek veel minder boeiend zou zijn. 'Voor het slapengaan krab ik ze nog even achter de oren en onder de kin. Soms sluiten ze hun ogen van genot. Dit keer legt Mabrouka zelfs haar kop op mijn schoot. Ik fluister zachtjes woordjes in haar oor. Woorden zonder betekenis. Maar de kamelen verstaan me, de zachtheid van mijn stem en de intonatie waarmee ik de woorden uitspreek zeggen hun genoeg. [...] Om zeven uur lig ik in mijn slaapzak. Mijn blik glijdt langs de nevelbaan van de melkweg naar de kamelen. Getooid met de lichtjes van ontelbare sterren houden ze de wacht. Hun rechtopstaande oren wiegen mee met de ritmisch heen en weer bewegende kaken. Met het geluid van herkauwende kamelen val ik in slaap.'

Maar je kunt ook 'langzame vervoermiddelen' kiezen. De fiets bijvoorbeeld, of de boot, zoals Gavin Youngs *Slow Boats to*

China aantoont. Het boek werd zo'n succes dat hij er een terugreis op liet volgen: *Slow Boats Home.*

Jonathan Rabans favoriete vervoermiddel is ook de boot – zijn eigen welteverstaan. Hij bevoer de Mississippi voor zijn boek *Old Glory*, de westkust van Canada en Alaska voor zijn boek *Passage to Juneau,* en zijn reis met een boot rondom Engeland resulteerde in *Langs de kust.* Dat laatste boek levert overigens, in de kustplaats Brighton, een alleraardigste confrontatie op met een collega: Paul Theroux (wie anders?), die over land de randen van hetzelfde eiland verkent. Ze doen beiden verslag van hun ontmoeting, en het levert fascinerende lectuur op. Tien jaar geleden waren ze vrienden geweest, en bondgenoten, meldt Raban, 'maar de vriendschap was sinds die tijd wat bekoeld'. Dat is te merken aan de wat geprikkelde manier waarop ze beiden van die ontmoeting verslag doen. Theroux inspecteert Rabans aantekeningen. '"Dat is zeker je logboek," zei ik. De aantekeningen waren beknopt ("... lichte regen, wind ozo...") – daar was niet veel literatuur in te vinden, geen dialoog, geen uitroeptekens. Hij zei: "Ik neem me almaar voor aantekeningen te maken, maar ik lijk er nooit aan toe te komen. Hoe gaat dat bij jou?" "Ik lummel maar wat," zei ik. Dat was een leugen. Ik deed niets anders dan aantekeningen maken.' Ze gebruiken samen de lunch en vervolgen hun weg. Een jaar later leest Raban Therouxs boek. 'Er stond maar één echt saai stukje in, vond ik: zijn verslag over onze ontmoeting in Brighton. Er was geen sprankje herkenning bij mij in zijn twee bladzijden: wat hij beschreef was helemaal niet wat ik me herinnerde. Maar ja, herinneringen zijn, zoals Paul [...] gedemonstreerd had, meesterlijke scheppers van verzinsels.' (Beide fragmenten zijn overigens naast elkaar te vinden in: *Het literair reisboek,* een uitgave van de Bijenkorf, 1999.) Een nog langzamer vervoermiddel is de tractor, en toch is het gedaan: door Manon van Ossevoort, in *Op de tractor naar de Zuidpool.*

Over de trein hoeven we het, nadat we al zo dikwijls Theroux hebben genoemd, nauwelijks meer te hebben. En de auto hoeft je lang niet altijd op de voor de hand liggende plekken te brengen, zoals bijvoorbeeld William Least Heat Moon aantoonde in zijn klassieker *Blue Highways*. Toen de auteur, een halfbloedindiaan uit Missouri, zijn baan aan de universiteit kwijtraakte, kocht hij een Fordbestelwagen, pakte wat spullen bij elkaar en ging op weg om het spoor van een aantal voorvaderen te volgen en een boek over Amerika te schrijven. Hij koos ervoor de op de landkaarten als blauw aangegeven en dus secundaire wegen te volgen en ging op zoek naar het onbekende Amerika. In de woorden van niemand minder dan Robert Penn Warren: 'Overal wist hij mensen aan het praten te krijgen, in kroegen en kloosters. Least Heat Moon heeft een speciaal talent om mensen te vinden die zichzelf nog niet eens gevonden hebben. Hij duikt in hun leven, legt hun taalgebruik vast en slaagt erin kleine (en grote) voorbije werelden en voorbije ogenblikken te doen herleven. Kortom, hij geeft ons een frisse kijk op Amerika en zijn bewoners.'

Dit voorbeeld toont ook aan dat originaliteit niet alleen van je vervoermiddel afhangt. We hebben het hiervoor al over het 'nareizen' gehad, reizen in de voetsporen van... Dat hoeft lang niet altijd een grote reiziger te zijn als Ibn Battoeta of Herodotos. Het is ook in andere gevallen een mooie manier om al reizend en schrijvend te registreren wat er is veranderd en wat er is gebleven. Fred de Vries hield een hartstochtelijk pleidooi voor deze manier van reisschrijven, 'weg van de lyrische beschrijvingen van plekken en landschappen, die je al genoeg aantreft in de ruim honderd *Lonely Planet*-gidsen en op de ontelbare internetsites waarop iedereen zich reisexpert waant'. (*de Volkskrant*, 6 januari 2007)

Spoorzoeken, noemt hij het, in het spoor van aansprekende schrijvers, of op zoek naar die plekken waar 'het' allemaal gebeurde, vaak nog maar kortgeleden. En dus, vervolgt De Vries, 'moeten reisschrijvers iets hogers nastreven, waarin we waarneming en geschiedenis vervlechten met eigen inzichten en ervaringen. We moeten teksten componeren waarin heden en verleden elkaar ongemerkt bevruchten. Schrijvende reizigers hebben de mogelijkheid alles diepte en mythologische eigenschappen te geven: steden, landschappen, mensen en gebeurtenissen. Van Herodotos via de Bijbel en Waterloo naar "punk in New York".'

Goed gesproken, zou ik zeggen, maar ook voor dit soort pelgrimage 'waarin gebouwen veranderen in stoïcijnse hoeders van verhalen' is een fikse hoeveelheid culturele en maatschappelijke bagage nodig. En dan nog, De Vries noemt het nareizen van Kerouacs *On the Road* als voorbeeld, maar stelt zichzelf meteen de vraag: 'Hoe geef je als "nareizer" kracht aan die intense gevoelens zonder te vervallen in een Kerouac-pastiche?'

Om een ander voorbeeld te noemen: Route 66 in Amerika, nog maar vijfentwintig jaar geleden ten dode opgeschreven maar sindsdien dankzij het nostalgietoerisme aan een tweede leven begonnen, wordt misschien wel evenveel beschreven als bereisd, maar het is al vele jaren geleden dat ik er de laatste oorspronkelijke woorden over las.

En als de sporen vervagen, wordt de reis, de nareis even vaak een teleurstelling. De Vries geeft daar zelf een treffend voorbeeld van. 'In Berlijn valt het bijvoorbeeld nu al niet meer mee nog iets terug te vinden van de zwarte romantiek van de jaren tachtig.' Hij bezoekt de Club Risiko, waar Blixa Bargeld en Nick Cave zich aan deze en gene zijde van de toog bevonden, en waar 'performances bestonden uit urenlang glazen kapot smijten, het publiek met stukken varkenshart bekogelen en stront aan de muren smeren. Betreed je het pand nu, stuit je op een Turks reisbureau en een moskee.'

Maar ik vind dat helemaal geen teleurstellende observatie: het geeft juist in heel kort bestek aan hoe snel de veranderingen zijn gegaan.

Ook Carolijn Visser werd door voorgangers geïnspireerd

tot ‘nareizen’. In *Tibetaanse perziken* volgt ze de zeventiende-eeuwse Samuel van der Putte, die vermoedelijk de oudste kaart van Tibet heeft geschetst. En haar boek *Buigend Bamboe* is een relaas in het voetspoor van Johan Nieuhof, dienaar van de VOC, die een hofreis naar Peking moest maken. Haar idee ontstond op het moment dat ze een oude kaart van China zag, in 1987 op een tentoonstelling in het Zeeuws Museum in Middelburg. ‘Het ging over China en de VOC, werd me verteld. De expositie bleek te gaan over Johan Nieuhof, een Hollander die in 1655 met een VOC-gezelschap onder leiding van de opperkoopmannen Pieter de Goyer en Jacob Keyzer een lange reis door China maakte.

Ik zag een oude kaart van China, getekend door deze Nederlandse avonturier, en er waren ook prachtige landschapsschetsen van zijn hand. Onder een stolp lag zijn oorspronkelijke dagboek. [...] Turend op de oude landkaart bedacht ik een plan: ik wilde Johan Nieuhof nareizen, ik wilde weten wat er nog over was van de wereld die hij vastlegde.’

Ik heb zelf deze methode ook enkele malen gevolgd, bijvoorbeeld in het voetspoor van de mysterieuze B. Traven naar het Land van de Lente, de Mexicaanse deelstaat Chiapas. De moed zonk me in eerste instantie in de schoenen toen mijn eerste informant ter plekke met zijn knokkels op het boek (dat ik bij me had) trommelde en verklaarde: ‘Maar dat is een heel slecht boek, hè? Het zit barstensvol onjuistheden.’ Hij bleek gelijk te hebben maar de ‘nareis’ bleek toch de moeite waard, al was het alleen maar om te constateren hoe weinig er in zestig jaar in het bestaan van de indianen was veranderd.

Een origineel idee kan al de helft van je verhaal zijn. Thurston Clarke pakte, ‘op een sneeuwachtige avond in februari in New York’ een wereldbol op, volgde met zijn vinger de evenaar en een idee voor een reisboek was geboren. Dat idee is misschien wel erg kunstmatig, maar toch volgen we hem in zijn *Volg de evenaar* geboeid door Borneo en Sumatra, Kenia, langs de monding van de Amazone en over de eilanden van Galápagos en Maldiven.

En soms is het een kwestie van, opnieuw, de juiste mens op de juiste plaats zijn. De Italiaanse romanschrijver Dino Buzzati had absoluut geen idee dat hij een groots reisboek ging schrijven toen de *Corriere della Sera* hem in 1949 vroeg de Ronde van Italië te verslaan. Route en data waren gegeven, geen ideale omstandigheden voor een schrijver, maar Buzzati liet ze in zijn voordeel werken. Zijn verslagen werden gebundeld onder de titel *De Ronde van Italië* en het werd een klassiek boek, vooral omdat het zoveel meer is dan een sportverslag, zelfs zoveel meer dan het verslag van het duel tussen Hector en Achilles, hier Gino Bartali en Fausto Coppi geheten. Er zullen weinig boeken zijn waarin het Italië van die tijd, nog murw van de oorlog, op een terloopse manier zo prachtig is geportretteerd.

Ik geef toe: dit valt niet te plannen. Maar dit laatste voorbeeld, een uit de oorlog opkrabbelend land, is een dankbaar onderwerp, vooral als je het gebied al kende voordat de ellende goed losbarstte.

HOOFDSTUK 9

Hel glanzende bodystockings

HOE KOM JE VOORBIJ DE CLICHÉS?

Een Engelstalige reisschrijver arriveert in 1990 in Amsterdam en observeert het volgende: 'Op het Centraal Station van Amsterdam aankomen is een vreemde ervaring. Het staat midden in de stad op een zonnig plein aan het eind van de hoofdstraat, het Damrak. Je stapt door de hoofduitgang en daar voor je – wel allemachtig! – daar zie je iedere nog overgebleven hippie. Ik had geen idee dat er nog zoveel waren, maar er waren er tientallen, zo niet honderden, die daar in groepjes van zes of acht rondhingen, gitaar speelden, elkaar stickies doorgaven of lagen te zonnebaden. Ze zien er wel zo ongeveer uit als je zou verwachten dat iemand eruitziet die een kwart eeuw lang niets anders heeft gedaan dan op openbare pleinen rondhangen en softdrugs roken. Een heleboel schenen tanden en haar te missen, maar dat hadden ze dan weer een beetje gecompenseerd door grote aantallen kinderen te krijgen en honden aan te schaffen. De kinderen dolden op blote voeten in het zonlicht rond en de honden hapten naar me als ik langsliep.'

Dit gaat nog een tijdje zo door. De reisschrijver constateert vervolgens dat Nederlanders hun auto's slordig parkeren en een keelgeluid maken als ze de g uitspreken. De stad zit onder de graffiti en overal ligt hondenpoep en de etalages liggen vol 'met een verbijsterende collectie van plastic fallussen, vibrators, zwepen, videobanden, smeersels, tijdschriften en lederwaren'. O ja, hoeren zijn er ook, 'ze zaten in hel glanzende bodystockings achter door een rozig schijnsel verlichte ramen en knipoogden naar me als ik langsliep'.

En zo gaat dit verslag vele pagina's door. Pas op de laatste pagina verlaat de reisschrijver heel even de straal van tweehonderd meter ten zuiden van het CS die hij voor Amsterdam aanziet, uiteraard om *De Nachtwacht* te bekijken. Maar die is niet te zien want een paar dagen eerder 'had een of andere gek het doek met een mes aangevallen'. Dus dan maar op weg naar... het Anne Frank Huis, jawel, alwaar hij zich na het bekijken van enkele Holocaustfoto's probeert 'voor te stellen wat voor soort mens zoiets zou kunnen doen'. En daarmee besluit hij zijn bezoek aan Amsterdam, op weg naar een volgende hoofdstad.

Om somber van te worden, zoveel clichés op enkele boekpagina's. Laten we gauw een andere Engelstalige reisschrijver ter hand nemen. Deze vaart per boot Amsterdam binnen en zijn relaas bevalt mede daardoor al een stuk beter. Weliswaar komt hij niet om de uitgekauwde conclusie heen dat 'alle huizen dezelfde gelaatsuitdrukking [hadden], een afgewogen mengeling van praalzucht en bescheidenheid: *we hebben een vette bankrekening, maar kíjk eens hoe deugdzaam-eenvoudig en ingetogen we zijn!*' Evenals voor de vorige reisschrijver is het bezoek aan Amsterdam voor deze schrijver aanleiding zich te verliezen in herinneringen aan de jaren zestig, provo's en hasjnevels, en levert een gesprek met Nederlandse uitgevers en schrijvers in Hoppe als informatie op dat Nederlanders nog steeds Duitsers de verkeerde kant op sturen als ze de weg vragen. Maar zijn verhaal bevat ook een vilein portret van Harry Mulisch, en onverwachte observaties over Amsterdam gezien vanaf het water, en over Nederland en het water.

We hebben het hier niet over twee willekeurige krabbelaars maar over twee van de meest prominente reisschrijvers ter wereld, respectievelijk Bill Bryson en Jonathan Raban. Voor Bryson was Amsterdam een van de halteplaatsen op een overhaaste tocht langs de Europese hoofdsteden. Dat de vergelijking in het voordeel van Raban uitvalt, komt mede door zijn superieure stijl; toch zag hij zelf misschien tijdig in dat zijn verslag geen boekpublicatie waard was – het verscheen in Nederland alleen als afzonderlijke reportage in het tijdschrift *Atlas*.

Vooral het verhaal van Bryson stemt tot nadenken, want als hij Amsterdam alleen weet te reduceren tot enkele honderden vierkante meters met hippies, hoerenkasten en pornowinkels, is er geen enkele reden om aan te nemen dat zijn beschrijvingen van de plaatsen die we minder goed kennen wél meer zijn dan een stapeltje vluchtig verzamelde clichés. Zijn benadering is in feite een aansporing voor de reisschrijver om niet op te houden te kijken op het punt waar de eerste de beste rugzaktoerist dat doet. Dat vereist niet alleen tijd (te oordelen naar zijn verslag was Bryson hier anderhalve dag) maar ook een open blik in plaats van een grotendeels gesloten; en misschien ook een methode die je de stad op een andere manier dan de gebruikelijke doet ervaren – zoals Raban vanaf zijn zeilboot al in zekere mate aantoont.

Dat het nog beter kan laat Sean Condon zien in zijn boek *My 'Dam Life*, met als ondertitel *Three Years in Holland*. Condon schreef eerder reisboeken over Australië en de Verenigde Staten, maar eigenlijk is zijn boek over Amsterdam nauwelijks een reisboek te noemen. Dat zijn observaties zoveel scherper zijn (en ook geestig, alhoewel hij niet zo'n dwangmatige grappenmaker is als Bryson) heeft niet alleen te maken met de omstandigheid dat hij zoveel tijd in Amsterdam doorbracht, maar ook met het feit dat hij op een onorthodoxe manier de stad leert kennen. Zijn vrouw wordt naar Amsterdam overgeplaatst door het blad waarvoor ze werkt. Maar breed hebben ze het niet, dus een flat in Oost (en later op het Mercatorplein) is het maximale dat ze zich kunnen veroorloven. Die impopulaire woonomgevingen, de perikelen met de Woningdienst en de Vreemdelingenpolitie, het zoeken naar een baan voor Sean, de ontmoetingen met buurtgenoten, het brengt allemaal met zich mee dat hij zich in een Amsterdams leven beweegt dat herkenbaar is en toch, uit de aard van zijn expat-status, leidt tot verrassende observaties. Dat onze interacties vol zitten met een 'victoriaanse formaliteit' is nieuw voor mij, maar het maakte wel dat ik er beter op ging letten. En Condon is erg raak over (bijvoorbeeld) onze kleedgewoonten (*dressing up*, oftewel netjes aankleden, betekent hier niets meer dan 'merely wearing a matching top and bottom of any fabric other than denim'), over hoe elke Nederlander in het verzet heeft gezeten en veel meer. O ja, hij bezoekt ook het Anne Frank Huis, op een van zijn laatste dagen.

De verklaring voor het feit dat dit boek superieur is aan de beide eerdergenoemde verslagen zou gemakkelijk kunnen luiden: kunst, Condon was, zoals de ondertitel al zegt, drie jaar in Amsterdam, Bryson anderhalve dag. Logisch dat zijn waarnemingen raker en origineler zijn. Maar dat is hooguit de helft van de verklaring. Je kunt ook in anderhalve dag in Amsterdam tot verrassende waarnemingen komen, zoals je ook na drie jaar nog steeds maar de oppervlakte kunt hebben gezien. Waarom ik deze voorbeelden vooral heb genoemd, over een stad die we allemaal van nabij kennen en waarover onze kennis dus veel breder is, is een aansporing tegen de gevestigde opinies, de *idées reçues* over een stad, gebied of land proberen in te gaan. Daarvoor is een lang verblijf natuurlijk geschikter. Toen ik na vier maanden uit Mexico terugkeerde, kreeg ik veelvuldig als commentaar dat men mijn radioreportages en artikelen zo somber had gevonden.

Wat had je dan verwacht? vroeg ik.

Nou ja, meer iets van, eh...

Van wat?

Van, eh, tralala...

Ik vond, naarmate ik er dieper in doordrong, Mexico helemaal geen land van tralala, ondanks de alomtegenwoordige muziek. Ik vond Mexico een ernstig land, geobsedeerd door en levend met de dood, ongemakkelijk bewegend tussen een indiaans verleden en een namaakmodern heden en dat leek me interessanter te laten zien dan tralala, wat dat dan ook moge zijn.

Met dit alles wil ik natuurlijk niet gezegd hebben dat er zoiets als een objectieve werkelijkheid bestaat die de reisschrijver door middel van diep graven hoort na te streven. Objectiviteit bestaat niet in de reisjournalistiek en reisliteratuur (oeps, heb ik dat onderscheid nu toch gemaakt!). Wie tien auteurs naar een land stuurt krijgt tien werkelijkheden. Het Afrika van Jan Brokken is een heel ander Afrika dan dat van Ryszard Kapuściński, het Afrika van Lieve Joris een heel ander dan dat van Redmond O'Hanlon, dat van Paul Theroux een heel ander dan dat van Alex Shoumatoff.

De Verenigde Staten zijn een nog beter voorbeeld in dit opzicht. Niet alleen omdat het een land is waar ieder wel zo zijn ideeën over heeft, maar ook omdat het land zo immens groot is (is het eigenlijk wel een land te noemen?) dat iedereen die ideeën er ook wel bevestigd zal vinden. En dat gebeurt dan ook regelmatig en wordt vervolgens aan het papier toevertrouwd.

Tot voor kort concentreerde veel reisliteratuur over Amerika zich op de platheid van het land, het commercialisme, de oppervlakkigheid van zijn bewoners. Die tendens is, als ik het wel heb, iets aan het verschuiven, maar nog steeds moeten en zullen vele reizigers zich ervan vergewissen dat het werkelijk waar is wat ze eerder bij andere reisschrijvers hebben gelezen, en jawel, vroeg of laat lukt het onvermijdelijk dat wat zich al in hun hoofd had vastgezet ook in werkelijkheid te zien.

Als Amerikanen over hun eigen land schrijven doen ze dat doorgaans intelligenter, beeldender en geestiger. Als ze al melding maken van de meest stupide en ergerniswekkende facetten van hun samenleving is het dan ook dodelijker en doeltreffender dan wat menig Europeaan ooit zou kunnen bedenken. Ze zijn ermee opgegroeid, ze wéten het maar al te goed, het valt ze nauwelijks meer op. Amsterdammers schrijven ook niet meer zo dikwijls over hun grachten of hun Anne Frank Huis.

Maar er zijn uitzonderingen. De veel geroemde Bill Bryson werd geboren in Des Moines, Iowa en had op zijn zesentwintigste zo intens genoeg van de streek waar hij opgroeide dat hij naar Engeland vertrok om zich daar te vestigen. Een intelligente en begrijpelijke reactie. Maar blijkbaar trok het vaderland nog genoeg om Bryson na tien jaar te doen besluiten de VS opnieuw te bezoeken en daar een boek over te schrijven dat *Het verloren continent* zou heten.

En alsof dit boek een meesterproef zou zijn waarmee Bryson zich een soort honorair buitenlanderschap kon verwerven, deed hij zijn uiterste best datgene te bevestigen wat elke journalist, auteur, dominee en andere bezoeker uit welk buitenland dan ook al eerder over de VS aan het papier had toevertrouwd: dat Amerika inderdaad een plat, lawaaierig, commercieel en oppervlakkig land was. En om er ook nog iets eigens aan toe te voegen werkte Bryson daarnaast het thema uit dat het land niet meer hetzelfde was als dat wat hij tien jaar geleden de rug had toegekeerd, sterker nog, dat het nergens meer enige gelijkenis had met het land dat hij uit de tv-series van zijn jeugd kende. Om zijn bewijsmateriaal te vergaren bezocht hij hoofdzakelijk toeristische trekpleisters als Mount Rushmore, het geboortehuis van Elvis en Yellowstone Park, om in zijn boek vervolgens te beschrijven dat hij gek wordt van de oppervlakkige toeristen en de platte rommel om zich heen. Het is alsof iemand telkens opnieuw zou proberen Nederland te karakteriseren door bezoeken aan Marken en Madurodam. Een probleem met die aanpak is dat Bryson zich met die hilarische visie als het ware in een hoek gedrukt heeft: níéts kan ook meer de moeite waard zijn in een aldus beschreven land. Als hij dus in Oxford, Mississippi, terechtkomt en te horen krijgt dat het huis van William Faulkner gesloten is, kan hij zich daar niet druk om maken 'want ik was in Faulkners boeken toch nooit verder gekomen dan bladzij 3 of daaromtrent'. Een soortgelijke veeg uit de pan moet dan ook wel, na een bezoek aan Holcomb, Kansas, aan het oeuvre van Truman Capote worden uitgedeeld, wiens *In Cold Blood* zich daar afspeelt.

Maar het grootste probleem met Brysons benadering heb ik met zijn dwangmatige grappenmakerij. Hij kan het niet laten in elke alinea een grap te maken en dat werkt op den duur zo vermoeiend dat je (mij althans) de lust met Bryson 'mee te reizen' ontnomen wordt. (Dat ik Bryson overigens nu al voor de tweede keer als negatief voorbeeld opvoer is toeval; ik heb veel waardering voor zijn latere werk, met name zijn *Down Under* over Australië. En zijn tweede boek over Amerika, *A Walk in the Woods*, uit 1998, is veel beter, niet het minst omdat hij zelf ook doodvermoeid van zijn dwangmatige humor lijkt te zijn geworden.)

Hoe anders gaat V.S. Naipaul te werk. Hij schreef in 1989 *A Turn in the South*, een reisboek over de oude slavenstaten van het Amerikaanse zuidoosten. Dat leek hem 'passend' omdat zijn eerste reisboek 'ging over sommige van de vroegere slavenkolonies in het Caraïbisch gebied en Zuid-Amerika'. Dit zou zijn laatste reisboek worden, een voornemen waaraan hij zich overigens gelukkig niet gehouden heeft. Hoewel het boek ook wat langdradige en soms zelfs gemakzuchtige trekjes heeft, is het uiteindelijk heel verrassend. Niet alleen omdat Naipaul dat deel van het land waarover zo vaak in platitudes wordt gedacht met een aan naïviteit grenzende frisheid beschrijft. Maar ook omdat het bij de anders zo knorrige en lichtelijk misantropische auteur een mildheid oproept die we van zijn non-fictie niet kenden en die soms haast euforische trekken krijgt: 'Terwijl ik op een stormachtige middag in Mississippi van de Delta naar Jackson terugreed, opgewonden door de donkere lucht, de regen, de bliksem, de lichten van de auto's en de vrachtwagens, het water dat tot aan mijn venster opspatte door de zware wielen, begon ik me bewust te worden van het grote plezier dat het reizen in het Zuiden me bezorgde. Romantiek en een gloed van hoop en vrijheid hadden de eerste fasen van mijn tocht gekleurd: mijn aankomst in Atlanta, de reis van daar naar Charleston. Ik was al bijna de schrijverszorgen vergeten die me bij die gelegenheid hadden bekropen.'

Hij voert gesprekken met blanken en zwarten, met boeren, dichters, politici en priesters, en door hun woorden, maar ook door de even poëtische als treffende observaties van de auteur, ontstaat een haast beminnelijk portret van een gebied dat ondanks zijn turbulente jongste geschiedenis op een even tragische als kleurrijke wijze vasthoudt aan codes van eerbaarheid, geloof en traditie. Hij toont zich opvallend getroffen door dat even wonderlijke als tragische fenomeen van de 'redneck' ('ze passen zich niet aan, en zullen dus de achterblijvers van de toekomst worden') en laat zien hoe alles, de muziek, de mythes, zelfs de spraakgewoonten van het Amerikaanse Zuiden doortrokken zijn van *defeat,* een gevoel van verslagenheid dat uit de Burgeroorlog dateert, maar sindsdien een veel bredere connotatie heeft gekregen.

Het verschil in benadering van Naipaul en Bryson is deels te verklaren uit hun achtergrond: Naipaul groeide op in die 'oude slavenkolonies in het Caraïbisch gebied', Bryson zou zichzelf een Amerikaanse renegaat noemen. Uiteindelijk is het Naipauls meesterlijk-poëtische oog voor detail dat mede het verschil maakt, het boek een aangename compassie meegeeft. Vergelijk de beschrijvingen in beide boeken van hun bezoek aan de zwarte universiteit van Tuskegee, Alabama, in 1881 gesticht door de vrijgemaakte slaaf Booker T. Washington, en je zult begrijpen wat ik bedoel. Naipaul is vol compassie, beziet met medeleven de slechte staat van de voorzieningen op de campus, die niet langer de beste zwarte studenten – en zwarte sponsors niet te vergeten – aantrekt nu de segregatie is verdwenen en ze overal mogen studeren. Hij bekijkt de drieënzestig dozen met *lynching records* waarin de drama's staan geregistreerd die aan de orde van de dag waren toen Tuskegee nog een bittere noodzaak was. En de dozen met correspondentie, die zijn bewondering voor de man alleen maar groter maken. 'Zoveel brieven van eenvoudige mensen – sommige met potlood geschreven op reepjes papier, brieven doortrokken van behoefte en hoop – zo goed bewaard, zo vers na meer dan tachtig jaar.'

Bill Bryson komt daarentegen niet veel verder dan de verbazingwekkende constatering dat Tuskegee 'volledig zwart was'. Hij stopt bij een 'Burger King om een kop koffie te drinken. Er moeten daar zeker wel vijftig mensen gezeten hebben. Ik was de enige die niet zwart was, maar niemand scheen dat op te vallen of zich er druk om te maken. Het was een gekke gewaarwording en ik moet zeggen dat ik me nogal opgelucht voelde toen ik weer op de weg zat.' Over Booker T. Washington schrijft hij verderop dan nog het volgende: 'Als vrijgemaakte slaaf leerde hij zichzelf lezen en schrijven, wist zich een opleiding te verwerven en stichtte ten slotte het Tuskegee Institute. [...] Toen, alsof hij daarmee nog niet genoeg gepresteerd had, besloot hij zijn loopbaan als soulmusicus en produceerde in de jaren zestig onder het platenlabel Stax en begeleid door de groep de MG's een hele reeks hits.' Nou ja, ik moet toegeven dat dit wel een leuke grap is...

Jonathan Raban is geen Amerikaan van geboorte maar een door en door Engelse auteur, zoon van een anglicaanse priester. Hij schreef meerdere reisboeken over Amerika, maar één ervan is naar mijn mening het meest oorspronkelijk (misschien wel) van alle reisverslagen die ik van buitenlanders over Amerika las. In 1988 maakte hij de reis per vrachtschip naar New York om een boek te schrijven over de '*greenhorn*-ervaring', over immigratie van vroeger en nu naar de Verenigde Staten. Wat hem tot de tocht inspireerde was een zin die hij, naar zijn zeggen, wel duizend keer met of zonder variaties gelezen had en die nooit zijn betovering had verloren: *Having arrived in Liverpool, I set ship for the New World.* En dat is dus wat hij ook deed, zij het in het 1988 van luchtbussen en massaverplaatsingen. Wat hij wilde was het Amerika ervaren zoals de nieuwkomer het ervoer, een eeuw geleden, de greenhorn die op zoek was naar een nieuw en beter leven in dat bijna mythische land.

Er lijkt weinig veranderd sinds die magische zin voor het eerst werd geschreven: waar de schrijver ook komt lonkt het aantrekkelijke vooruitzicht van een nieuw, gewichtloos Amerikaans bestaan waarin afkomst niet langer relevant is. Zo beschrijft hij het althans in het boek dat het resultaat is van die reis, *Hunting Mister Heartbreak* – de Engelse vertaling van de naam van de Franse achttiende-eeuwse immigrant Hector St. John de Crevecoeur. In Manhattan voelt hij zich al verrassend snel deel van zijn buurt, in Alabama wordt hij eigenaar van een hond. En, zoals dat hoorde bij al die andere greenhorns vóór hem, verschaft men hem ook op diverse plekken een nieuwe naam – zij het geen nieuwe identiteit. Hij belandt in Guntersville, Alabama, en wordt daar John Rayburn genoemd. 'I liked being John Rayburn,' schrijft hij, maar er was toch een probleem met het leven in het ultraconservatieve zuidelijke stadje: 'Als je maar even aan John Rayburn zou krassen, zou hij moeten toegeven er dezelfde gedachten over politiek, boeken, godsdienst op na te houden als ik – gedachten die simpelweg niet kónden in Guntersville, Alabama.'

In het voorlaatste hoofdstuk belandt hij in Seattle, dat dan net een nieuwe hausse beleeft: iedereen lijkt naar Seattle te gaan, iedereen die voor zichzelf betere kansen wil en voor zijn kinderen een betere opleiding en omgeving. Vliegtuigen, treinen en boten voeren dagelijks een paar honderd nieuwe bewoners aan, uit Seoul en New York, Hongkong en Detroit. Onroerendgoedprijzen stijgen met tientallen procenten per maand, in het ene tijdschrift na het andere wordt Seattle gekozen tot Meest Leefbare Stad van het land.

De schrijver vervolgt zijn spel met het idee van de nieuwe identiteit met een verhoogde ernst. Deze stad is tegelijk nijver en ongehaast, tegelijk getekend door historie en erdoor onbelast. 'Er hing hier de frisse geur van kansen en vooruitzichten: zelfs nu nog kon iemand hier een *alrightnik* worden in de klassieke immigrantentraditie [...] Als ik een nieuwe start zou willen maken in Amerika, zou ik naar Seattle gaan.' En als om hem op weg te helpen met zijn beslissing hangt de pensionhouder alvast zijn naambordje op zijn deur: Rainbird.

Ja, Rainbird zou hier kunnen wonen, bedenkt Raban: hij kan boeken bespreken voor *The Seattle Times*, een roman schrijven met de uitdijende stad als locatie. Maar aan het eind van het hoofdstuk laat hij Rainbird toch weer achter en vervolgt hij zelf zijn weg naar Florida. Einde dagdromerij? Einde van het spel van een schrijver met de mogelijkheid van het Amerikaan-zijn? De *punchline* van het boek staat op het stofomslag: 'Jonathan Raban is de auteur van essaybundels, een roman en reisboeken als *Arabia through the Looking Glass, Coasting* en *Old Glory*. Hij woont in Seattle.' En daar woont Raban tot op de dag van vandaag – als een heel zichtbare Brit, een niet-helemaal-Amerikaan onder de Amerikanen, net als die greenhorns waarover hij had besloten te schrijven.

Zonder twijfel het beroemdste reisverslag over Amerika is dat van Alexis de Tocqueville, die in 1831 door de Franse regering naar de jonge republiek werd gestuurd om een studie te maken van het gevangenissysteem daar. Maar het lijvige boek dat hij na zijn terugkeer schreef, het nu klassieke *Democratie in Amerika*, gaat over veel meer dan dat; het ontleent zijn reputatie aan zijn scherpzinnige observaties over de Amerikaanse maatschappij en de politieke en sociale instituties in het bijzonder, die ruim anderhalve eeuw later nog steeds in hoge mate geldig blijken.

Niet verwonderlijk dan ook dat De Tocqueville veelvuldig is 'nagereisd', het meest recentelijk door zijn landgenoot Bernard-Henri Lévy. Deze filosoof en journalist, veteraan van de Parijse opstand van 1968, kreeg de benijdenswaardige opdracht daartoe in 2005 van het Amerikaanse maandblad *Atlantic Monthly* en zijn boek *American Vertigo* verscheen een jaar later. Het is een uiterst boeiend boek, niet het minst omdat Lévy alle bekende vooroordelen en clichés over Amerika met open vizier tegemoettreedt en hun waarheidsgehalte op scherpzinnige wijze beproeft. Hij schrijft helder, genuanceerd en erudiet over het fundamentalisme van de Amerikanen, hun messianisme en kolonialisme. Hij bezoekt, in De Tocquevilles voetspoor, Massachusetts, Minneapolis, Seattle, Montana, New Orleans, en California, vliegt naar Guantánamo, spreekt met bestuurders, schrijvers, journalisten, politici (Obama én Hillary) en essayisten. (Een aardig detail: Lévy herhaalt bijna letterlijk Rabans liefdesverklaring voor Seattle: 'Als ik een stad in Amerika moest uitkiezen om te wonen [...] zou het hier in Seattle zijn.' Dit overigens tot aan het moment dat hij, aan de andere kant van het land, in Savannah arriveert.)

Lévy heeft prachtige observaties over Amerika's 'mechanismen van memoraliseren', en Amerika's 'obesitas', niet van de mensen maar van de parkings en de kerken en de malls, van de luchthavens, van de verkiezingscampagnes, de bedrijven, van het overheidstekort.

Helaas bezwijkt dit aspect van het boek deels onder de toon van de essayistische uitweidingen, die over het algemeen nogal zelfingenomen van aard is. Een typerende zin luidt: 'Of eigenlijk: in zekere zin ga ik akkoord met de helft van de these van Huntington die een geschiedenis schetst die weer begint, en wel des te beter omdat ze in feite nooit is geëindigd; ik accepteer desnoods het schema waarvan je zou kunnen vinden dat het al lang vóór Spengler en Carl Schmitt het schema van Hobbes en later Nietzsche was, dat van de filosofische oorlog waarin niet de naakte belangen tegenover elkaar blijken te staan maar wereldbeelden en ideeën; maar dan moeten we er wel bij zeggen dat [...]' Et cetera. Imposante vragen als 'wat is eigenlijk een Amerikaan?' en (in navolging van Sartre) 'is Amerika dol geworden?' worden, met veel omhaal van woorden, niet beantwoord. Tegen het eind van zijn epiloog schrijft hij een zin die we als zijn conclusie moeten opvatten: 'Ik geloof toch dat er ondanks alles geen reden is tot wanhoop.' En Amerika slaakte een zucht van opluchting.

Zo orakelend als Lévy is, zo bescheiden is, ten slotte, de Vlaming Rudi Rotthier in zijn boek *Het land dat zichzelf bemint*. Hij reisde evenals de Fransman kriskras door het land, vijftien maanden lang, in dezelfde periode na 9/11 en ook na de inval in Irak. Hij gaat de vragen die Amerika's optreden en nieuwe positie in de wereld oproepen niet uit de weg, spreekt ook met schrijvers en kritische journalisten, maar vooral met medepassagiers in de bus.

Zijn reis werd niet gesponsord door de *Atlantic Monthly* maar door het Vlaamse dagblad *De Morgen*, en misschien werd een bescheiden budget wel de grondslag van zijn werkwijze. Hij reisde vooral per Greyhound en dat levert een relaas op dat uiteindelijk kleurrijker en aardser is dan dat van Lévy. Hij blijft, zowel letterlijk als figuurlijk, dichter bij de grond en hoewel hij het politiek-filosofische debat van de Fransman niet schuwt, is hij veel meer de waarnemer dan de hoofdspreker aan de tafels waar dat debat wordt gevoerd. Maar in de keuze van zijn observaties en in gespreksweergaven is hij voortreffelijk. En ook iemand die zich zorgen maakt, al weet hij niet zeker of dat over de VS is, dat land waar 'de onsamenhang groot is', en dat veel Europeanen aanleiding geeft te somberen. Want, zo besluit hij mild: 'het is ook een land met een korte aandacht, en een groot vermogen tot zelfreiniging en snelle verandering.'

Ik zou zo nog wel dozijnen reisverslagen over Amerika kunnen noemen, maar dat heeft in dit bestek niet veel zin. Ik heb deze vijf gekozen omdat in alle gevallen de auteurs mensen zijn 'met wie je graag meereist', om de woorden van Emile Brugman in hoofdstuk 4 te citeren. Met Bryson als je graag wilt lachen en je vooroordelen bevestigd wilt zien, met Lévy als je al reizend het debat wilt blijven aangaan, met Naipaul als je je wilt verbazen over de oorsprong van zijn zeldzame mildheid. Amerika is bij uitstek het land waar we allemaal al een mening over hebben zonder er ooit te zijn geweest. Er zijn zoveel reizigers die er al schrijvend niet in slagen rake observaties te doen die deze meningen ondergraven. Daar is een open blik, de bereidheid verder te gaan dan de oppervlakte voor nodig. Echte nieuwsgierigheid, die haaks staat op de tevredenheid wanneer je iets gezien of gehoord hebt dat je al vermoedde. En ja, een hoop tijd helpt daarbij, zoals Rudi Rotthier aantoont, die al deze genoemde eigenschappen overigens in ruime mate heeft. Van alle genoemde auteurs heeft Raban mijn voorkeur omdat hij in al zijn Amerikaboeken ook nog eens verreweg de beste stilist is, een man die er van hoofdstuk tot hoofdstuk op uit is een verhaal te vertellen. Je leest niet alleen een superieur reisverslag, een aaneenrijging van observaties en avonturen, maar ook een verhaal waarvan je wilt weten hoe het afloopt. Wie daarin slaagt schrijft de beste reisliteratuur, en dan is wat mij betreft de vraag wat er 'gelogen' is niet relevant.

HOOFDSTUK 10

Alles kan ook anders

REIZEN ZONDER REIZEN

Het zal je plezier doen te horen dat er ook mooie reisboeken zijn geschreven waarin de schrijvers alles aan hun laars lappen. Alles wat hiervoor is beweerd kan ook met het grootste gemak worden ontkracht. Zoals Karl May de spannendste wildwestverhalen over Winnetou en Old Shatterhand voor meerdere generaties leeftijdsloze jongens schreef zonder ooit zijn werkkamer in Duitsland te verlaten, zo zijn ook sommige reisboeken in de studeerkamer ontstaan, zonder dat de schrijver buiten de deur kwam.

Het bekendste voorbeeld is dat van Xavier de Maistre, die in 1847 huisarrest kreeg vanwege een illegaal gevoerd duel. Nadenkend over wat hem te doen staat gedurende deze periode van afzondering besluit hij een reis te maken, en wel door zijn kamer. Nadat hij zijn verslag begonnen is met de opmerking dat ze hem niets heeft gekost (!) spoort hij zijn lezers aldus aan hem te volgen: 'Laat alle luiaards en masse opstaan! En u die in uw geest snode plannen koestert om uw leven te beteren of u af te zonderen vanwege een of andere trouweloze daad, u die in een boudoir voor de rest van uw leven de wereld vaarwel zegt, beminnelijke kluizenaars voor één avond, kom ook: geloof mij, zet die sombere gedachten opzij; u verspilt tijd waarin u plezier kunt maken, zonder dat u er wijzer van wordt. Wees zo goed mij op mijn reis te vergezellen; elke dag leggen wij een eind weegs af, lachend om reizigers die Rome en Parijs hebben gezien; – geen hindernis die ons kan tegenhouden; vrolijk leveren wij ons over aan onze verbeelding en volgen haar overal waar zij ons brengen wil.'

Een ander opmerkelijk voorbeeld is natuurlijk Italo Calvino's *De onzichtbare steden*, dat een product is van een wervelende fantasie. Het boek is een raamvertelling, waarin de reiziger Marco Polo voor de Mongoolse keizer Kublai Khan alle steden beschrijft die hij op zijn reizen heeft bezocht. Er is sprake van de stad Pentesilea, die alleen bestaat uit buitenwijken. Van Isidora, 'een stad waar de gebouwen wenteltrappen hebben overdekt met wenteltrapschelpen, waar ze uit de kunst verrekijkers en violen bouwen, waar een vreemdeling, als hij niet kan kiezen tussen twee vrouwen, altijd een derde tegenkomt, waar de hanengevechten altijd uitlopen op bloedige vechtpartijen tussen de wedders'. En van Diomira, 'een stad met zestig zilveren koepels, bronzen beelden van alle goden, met tin geplaveide straten, een kristallen theater, een gouden haan die elke morgen op een toren kraait.

Al deze schoonheden kent de reiziger al omdat hij ze ook in andere steden heeft gezien. Maar de eigenschap van deze stad is dat wie er op een avond in september aankomt, als de dagen korter worden en de veelkleurige lampen boven de deuren van de cafetaria's allemaal tegelijk aangaan, en er vanaf een terras een vrouwenstem roept: oehoe! dat diegene afgunst voelt ten opzichte van hen die nu denken dat ze al een avond als deze hebben meegemaakt en dat ze toen gelukkig waren.' Of van de stad Zirma... maar laat ik ophouden.

De beschrijvingen die Marco Polo de vorst geeft, worden afgewisseld met cursief weergegeven gesprekken tussen hen die als het ware het verhaal omwikkelen. De Khan stelt vragen, geeft opdrachten, en stelt hem op zeker moment de vraag: 'Reis je om je toekomst terug te vinden?' En het antwoord van Marco luidt: 'Wat elders is is een spiegel in het negatieve. Een reiziger herkent het weinige dat van hem is door het vele te ontdekken dat hij niet gehad heeft en nooit zal hebben.'

Eén keer bevinden zij zich samen in een stad die bijzonder veel weg heeft van een bestaande, met 'bruggen die zich krommen over de kanalen, de prinselijke paleizen met hun marmeren drempels die tot in het water reiken, het komen en gaan van lichte scheepjes die zigzaggend met lange riemen worden voortbewogen, pramen die manden groenten uitladen op marktpleinen, balkons, dakterrassen, koepels, klokkentorens, de tuinen op de eilanden die groen afsteken tegen het grijs van de lagune'.

'Heb je ooit een stad gezien die op deze lijkt?' vraagt Kublai aan Marco Polo, en deze antwoordt: 'Nee sire, ik had nooit gedacht dat er een stad als deze zou bestaan.' De Khan merkt dan op dat er één stad is waar Marco Polo nooit over praat en dat is, inderdaad, Venetië, waarop de Venetiaan Polo antwoordt: 'Elke keer als ik een stad beschrijf zeg ik iets over Venetië. [...] Om de kwaliteiten van andere steden te kunnen onderscheiden moet ik uitgaan van één eerste stad die impliciet blijft. Voor mij is dat Venetië.' En zo is *De onzichtbare steden* onder veel meer een heel virtuoze, zij het omslachtige en impliciete manier om de stad Venetië te beschrijven zonder hem te beschrijven.

Er zou alleen al een heel hoofdstuk te schrijven zijn over reizen die nooit gemaakt zijn – maar wel beschreven. Het bekendste voorbeeld uit de literatuur is misschien wel de reis die hertog Des Esseintes, de hoofdpersoon uit de roman *À rebours* van J-K. Huysmans naar Londen maakt. Hij vertrekt eerst met de trein naar Parijs, en reeds door het regenachtige weer, maar later door de omgeving van *Galignani's Messenger* waar hij zich een *Baedeker Guide* van de stad van zijn geplande aankomst wil aanschaffen, waant hij zich geleidelijk al in de Engelse hoofdstad. Hij gaat verder naar een bodega en drinkt er port en constateert dat het 'om hem heen wemelde van de Engelsen: bleke, slungelige predikanten, van het hoofd tot de voeten in het zwart gekleed, met slappe hoeden, veterschoenen, heel lange overjassen, met knoopjes op de borst. Met gladgeschoren kin, ronde bril en vettig, platgekamd haar; tronies van een handelaar in penzen en buldogsnuiten met korte, dikke halzen, oren als tomaten, wijnrode wangen, stompzinnige, met bloed belopen ogen en ringbaarden zoals sommige grote apen hebben.' Enzovoort. Voor zijn geest doemen reeds de figuren uit de boeken van Dickens op, hij eet wat stilton en heel langzaam overheerst het gevoel dat hij de trein naar de kust voor de oversteek zal moeten gaan missen. 'Waar was het tenslotte goed voor om nog een stap te doen als men zulke schitterende reizen kan maken vanuit een stoel? Was hij al niet in Londen, waarvan geuren, sfeer, inwoners, voedsel en huisraad hem omringden?'

Van Calvino en Huysmans naar P. J. O'Rourke, dat is nog eens een sprong, maar O'Rourke onttrekt zich op een heel andere manier aan alle hiervoor gedane aanbevelingen. Hij reisde wel, in tegenstelling tot beide hiervoor genoemden. O'Rourke was jarenlang chef buitenland van het Amerikaanse tijdschrift *Rolling Stone*, en negeerde alle aanbevelingen, tips en raadgevingen die in de loop der jaren aan reisschrijvers zijn gedaan. Om te beginnen haatte hij reizen. En liet dat in zijn stukken duidelijk merken. De eerste hoofdstukken van zijn *Vakanties in de hel* vormen één lange reeks gekanker.

Op zijn medereizigers ('rotzooi makende Venezolanen, chagrijnige Zwitsers, stinkende Noorse rugzakkers die in restaurants jodelen, Saudi-Arabische zakenlieden die met hun gewaden vast komen te zitten in draaideuren en verwende Bengaalse emigranten die al vijfentwintig jaar studeren en dikke blonde Belgische au pair-meisjes lastigvallen') en dan vooral Japanners en Duitsers. Op minibars. Op vliegvelden. Op Centraal-Europese toiletten. Op douaniers. Op alles.

Voorts bekommerde hij zich niet om zijn gebrek aan nieuwsgierigheid. 'De planeet die ik heb kunnen bezoeken is de Aarde en de voornaamste kenmerken van de Aarde zijn chaos en oorlog.' En die treft hij dan ook overal aan waar hij komt. Toch zitten er wel wat behartigenswaardige observaties in dit boek, maar het lijkt me typisch een exercitie die niet behoeft te worden overgedaan. Zoals hij zelf al waarschuwt: 'Misschien kun je maar het beste gewoon thuis blijven in een lekkere leunstoel en lezen over reizen zoals het hoort – in Samuel Clemens' *Huckleberry Finn.*'

Voordat hij bij *Rolling Stone* kwam werken was O'Rourke redacteur van het satirische blad *The National Lampoon* en hij werd buitenlands correspondent omdat hij 'het maken van slechte grappen beu werd'. Of dat echt zo is, valt na lezing overigens te betwijfelen. Hoewel hij niet zo'n dwangmatige grappenmaker is als Bill Bryson in zijn vroegste boeken, wordt ook hier de humor hardhandig aan de lezer opgedrongen.

Waar het mij om gaat is dat het lezen van boeken als deze, hoe verschillend ook, op een vruchtbare wijze de manier waarop je naar de dingen kijkt, omver kan gooien – dat het als het ware de antipode is van het beschrijven van de route van vliegveld A naar treinstation B – en aldus je eigen manier van schrijven een radslag kan geven die iets onverwachts oplevert. Het gevoel van 'zo zou het ook kunnen' prikkelt je fantasie – zelfs als je besluit er niets mee te doen.

HOOFDSTUK 11

En nu?

HOE KRIJG JE JE WERK UITGEGEVEN?

Het stuk is af, je hebt nog geen afspraken met een tijdschrift of een uitgever. Wat nu? Hieronder volgt een lijst met tijdschriften en internetsites waarop je je verhaal kwijt kunt – als de ontvanger er tenminste net zo enthousiast over is als jijzelf. Let wel: de tijdschriftenmarkt is erg in beweging, een tijdschrift kan zomaar verdwijnen en er kan ook elk moment een nieuw opduiken.

Een algemene tip: ga niet te werk volgens het tapijtbombardementprincipe. Oriënteer je goed, bedenk tevoren of je werk bij een specifiek landentijdschrift, een algemeen reisblad of een lifestyle glossy thuishoort. En stel je met dat deel van die oriëntatie niet tevreden: houd zo goed mogelijk bij wat er de laatste maanden of jaren gepubliceerd is in het blad dat je op het oog hebt. Is er over jouw onderwerp recentelijk al geschreven, dan is je kans praktisch nul. Een goed overzicht voorkomt irritatie bij de redactie en teleurstelling bij jou.

1. Algemene reisbladen

- *Reizen* ('het grootste reisblad van Nederland'). Verschijnt maandelijks.
- *National Geographic*. De Nederlandse editie van het beroemde Amerikaanse blad. Verschijnt maandelijks.
- *National Geographic Traveler*. Meer op reizen ingesteld dan het moederblad. Verschijnt vier keer per jaar.

- *Op Pad* ('voor reizigers die hun eigen weg gaan'). Verschijnt acht keer per jaar.
- *Outdoor* ('avontuurlijke reizen'). Travel, lifestyle, people, maar wel degelijk Nederlandstalig! Verschijnt vier keer per jaar.
- *Reisgids* ('onafhankelijk en advertentievrij'). Een uitgave van de Consumentenbond. Verschijnt zes keer per jaar.
- *Grasduinen* ('Buiten gebeurt het!'). Verschijnt vier keer per jaar.
- *Columbus* ('hét glossy reismagazine over bestemmingen waar het massatoerisme nog niet is doorgedrongen'). Verschijnt vier keer per jaar.
- *Ajuus* ('voor de onbegrensde Nederlander'). Verschijnt zes keer per jaar.
- *Grande* ('reizen is leven'). Deels in Vlaanderen geredigeerd. Verschijnt maandelijks.
- *Geografie.* Uitgave van het Koninklijk Nederlands Aardrijkskundig Genootschap. Verschijnt negen keer per jaar.
- *Meridian Travel.* Een van de langst bestaande Nederlandstalige reisbladen. Verschijnt zes keer per jaar.
- *Onze Wereld* ('voor betrokken wereldburgers'). 'Hét publiekstijdschrift over globalisering, duurzaam ondernemen en ontwikkeling.' Verschijnt tien keer per jaar.

2. Reisbladen over een specifiek land of gebied

Binnen Europa

Frankrijk

- *En Route* ('blad voor Frankrijkliefhebbers'). Verschijnt tweemaandelijks.
- *En France.* Verschijnt vier keer per jaar.
- *Leven in Frankrijk.* Verschijnt vier keer per jaar.

Italië

- *Italië* ('lifestyle, reizen en gastronomie'). Verschijnt zes keer per jaar.
- *Italië Magazine.* Verschijnt vier keer per jaar

Spanje

- *Viva España* ('reizen, wonen, cultuur, lifestyle, etc.'). Verschijnt vier keer per jaar.
- *Temperament* ('gemaakt vanuit Malaga door mensen die er zelf wonen'). Verschijnt maandelijks.

Ierland

- *Ierland.* Onafhankelijk lifestyle magazine. Verschijnt (voorlopig) twee keer per jaar.

Griekenland

- *Griekenland Magazine (+ Cyprus).* Verschijnt vier keer per jaar.
- *Lychnari* ('verkenningen in het Griekenland van nu'). Verschijnt vijf keer per jaar.

Noord-Europa

- *Nordic* ('hét Noord-Europa Magazine'). Over Scandinavië, Denemarken en de Baltische staten. Verschijnt vier keer per jaar.

Wat breder georiënteerd is *Joie de Vivre*, een lifestyle magazine dat zich richt op de mediterrane cultuur. Verschijnt zes keer per jaar.

Ook Nederland heeft specifieke streekbladen waarin reisschrijvers hun werk kwijt kunnen. Een voorbeeld is *Wadden Magazine*, dat vier keer per jaar verschijnt.

Buiten Europa

Azië en Australië

- *Azië* ('reismagazine voor Azië, Australië en Nieuw-Zeeland'). Verschijnt vier à zes keer per jaar.
- *Going down under*. Over Australië, Nieuw-Zeeland en de Pacific. Verschijnt vier keer per jaar.
- *Archipel* ('het enige echte Indonesië Magazine'). Maar ook over andere landen in Zuidoost-Azië. Verschijnt vier keer per jaar.
- *India Nu.* Verschijnt zes keer per jaar.

Afrika

- *Maandblad Zuid-Afrika.* Verschijnt tien keer per jaar.
- ZAM, *Africa Magazine.* Verschijnt vier keer per jaar.

Amerika

- *America.* Over de VS en Canada. Verschijnt vier keer per jaar.

Glossy's

En dan zijn er natuurlijk de algemenere glossy's die ook af en toe reisverhalen publiceren. Enkele voorbeelden:

- *Esta* ('serieus leuk'). Verschijnt elke twee weken.
- *Jan* ('de eerste no-nonsense glossy van Nederland voor de 30+ vrouw'). Verschijnt maandelijks.
- *Hollands Diep.* Culturele, hoogwaardige glossy. Verschijnt vijf keer per jaar.

Internet

Wil dit allemaal niet lukken, of ben je sowieso niet in deze markt geïnteresseerd, dan is er natuurlijk het internet. Hieronder een overzicht in verschillende categorieën. Reisverhalensites zijn er volop. Typ een bestemming in op Google en je krijgt reisverhalen te kust en te keur. De meeste van deze sites herbergen vooral reisverslagen – een soort reisdagboeken, vaak versierd met foto's. Op sites als Reisweb.nl, Reisverhalen.nl, reizen.nl, pagango.nl en op verzamelsites als reisdagboek.net, www.tangatanga.com, www.aroundtheglobe.nl, www.globallog.nl, www.reisgraag.nl, reisomdewereld.nl, reisverhaal.startkabel.nl en reisverhalen.startpagina.nl staan verhalen die vooral om de inhoud worden gelezen, en niet om de kwaliteit van het geschrevene. Ook heeft de ANWB-site diverse fora ('buitenland', 'fietsen', 'kamperen') waar je met behulp van je ANWB-pas kunt inloggen. Kijk verder ook naar specifieke vervoermiddelensites als opdefiets.net en zwerftochten.bergsport.com/reportages en wandel.bergsport.com.

Zoals gezegd bieden deze sites voornamelijk vakantieverhalen, bedoeld om ervaringen uit te wisselen. Vaak is de kwaliteit zeer matig, en is de informatie vooral voor de thuisblijvers bestemd. 'Toen we Iran verlieten, vertelde een van de Iranezen die we in het hotel hadden ontmoet, dat Turkmenistan nog armer was dan Iran. Oei, dat moest dan wel heel arm zijn!'

Vaak komt men niet veel verder dan de folders napraten. 'Costa Rica. Geweldig land. Ontzettend mooie natuur en wat een diersoorten!'

Betere reisverhalensites

Naast de overstelpende hoeveelheid sites met tamelijk knullige reisverhalen, zijn er ook enkele die wél de moeite waard zijn. Bijvoorbeeld:

- Flying Monkey. flyingmonkey.nl – Verhalen uit alle delen van de wereld, soms met kleine juweeltjes, al moet je er wel naar zoeken. Neemt helaas tijdelijk geen nieuwe verhalen meer op.
- Op Pad. www.oppad.nl – Op de site van dit tijdschrift staan niet alleen instructies en aanwijzingen om een reisverhaal te schrijven, maar ook lezersverhalen over allerhande fiets-

en wandelvakanties en reizen. 'Van alle verhalen die *Op Pad* ontvangt, haalt minder dan 2 procent het blad.'

- Vietnam Journey. http://reisverhalen.vietnamjourney.nl – Voorbeeld van een verhalensite met enig oog voor kwaliteit (bijvoorbeeld de verhalen van Robert van Weperen).

Algemene verhalensites

Dit zijn sites die ingericht zijn om verhalen te publiceren, de meeste hebben afdelingen of onderdelen voor reisverhalen. Hier een selectie:

- Basic Publishing. www.basicpublishing.nl – Heeft een afdeling 'natuur' waarin af en toe wandel- en reisverhalen staan.
- Wereldwijzer. www.wereldwijzer.nl – Heeft een groot forum waarin je na registratie je verhaal kwijt kunt. Wordt veel gebruikt voor tips en vragen, maar soms zit er een aardig verhaal tussen.
- Korte verhalen. www.korteverhalen.nl – Hier en daar verhalen over reizen. Mogelijkheid om commentaar te geven en te krijgen.
- Nederlands. www.nederlands.nl – Verhalensite met een overdaad aan categorieën, waaronder 'reizen' (71 verhalen bij laatste telling), 'wereld' (25), 'natuur' (34) en 'landschap' (4).
- De verhalensite. www.verhalensite.com – Verhalen waarop commentaar gegeven wordt en een beoordeling (1 tot 5 duimpjes omhoog).

Gesponsorde sites

Zelfs bij sites die gesponsord worden door reisorganisaties of andere bedrijven, worden mogelijkheden geschapen om je reisverhalen te plaatsen. Hier een paar voorbeelden:

- Conimex. conimex.nl – Met een afdeling reisverhalen schrijven, waarin het sponsorwoord opvallend vaak voorkomt.

- Elmar reizen. www.elmarreizen.nl/informatie/reispodium – Deze reisorganisator heeft een klein digitaal podium ingericht voor reisverhalenschrijvers.

Persoonlijke weblogs en sites

Veel reizende schrijvers en schrijvende reizigers beginnen een eigen weblog of site om hun avonturen vast te leggen – veelal verluchtigd met foto's en kaarten. Hier enkele voorbeelden:

- Wereldfietser. www.wereldfietser.waarbenjij.nu – Site van Diënne en Coen over een fietsreis van Nederland naar China – via Zuid-Afrika.
- Lud og Strumse. www.greut.nl/asp/vakantie/ijsland/index.asp – Site van Lud en Strumse over hun IJslandreis, in navolging van opa, Willem Wijnebrecht.

Uitgeverijen

Een deel van de reisverhalenschrijvers kent maar één doel: uitgegeven te worden door een boekenuitgeverij van naam en faam. Hieronder de belangrijkste uitgeverijen van reisboeken en persoonlijke reisessays.

- Atlas Contact – Samenvoeging van de uitgeverijen Atlas, Contact, Augustus en L.J. Veen. Verreweg de belangrijkste uitgeverij op het gebied van reisverhalen, persoonlijke reisessays en literaire non-fictie. Met auteurs als V.S. Naipaul, Paul Theroux, Jan Brokken, Carolijn Visser, Lieve Joris, Adriaan van Dis, Peter Delpeut en Arita Baaijens. Is hofleverancier van de VPRO Bob den Uyl Prijs, die door de VPRO in 2003 werd ingesteld voor het beste literaire en/of journalistieke reisboek uit het voorgaande kalenderjaar.
- De Geus – Geeft veel boeken van migranten uit, maar af en toe ook reisverhalen, onder anderen van Nell Westerlaken (*Het paviljoen van meneer Mofid*) en Dylan van Eijkeren.
- De Bezige Bij – Is bekender als algemene literaire uitgeverij, maar geeft af en toe ook reisboeken uit, onder andere het

reiswerk van Tommy Wieringa, Bob den Uyl en Jan Cremer, maar ook, bij het imprint Thomas Rap, het werk van Sjaak Bral (*Licht in mijn hoofd*).

- Podium – Uitgeverij van onder anderen Joris Luyendijk en Maartje Duin. Gaf in 2007 *Stiekem kan hier alles* van Eefje Blankevoort uit, genomineerd voor de VPRO Bob den Uyl Prijs 2008.
- Wereldbibliotheek – Ook een brede uitgeverij, met af en toe plek voor reisboeken, zoals *Het geluid van vallende sneeuw* van Jannie Regnerus, winnaar van de VPRO Bob den Uyl Prijs 2007.
- Elmar – Geeft voornamelijk reisgidsen uit, maar ook reisboeken, met als topper de wereldfietser Frank van Rijn, die alle continenten befietst heeft.
- Kosmos – Net als Elmar eigenlijk een reisgidsenuitgeverij, maar geeft ook reisboeken uit, onder andere van H. Halma (*Sporen in woestijnzand*).
- Servo – Kleine uitgeverij, gaf onder andere *De geheime school* van G. Roelofs uit, een reisverhaal uit Griekenland.
- Hollandia – Kleine maar ambitieuze uitgeverij, geeft onder andere het reiswerk van Tjalling Halbertsma, A. Twigt en Jolanda Linschooten uit.
- Balans – Geeft onder andere het werk van Ton van der Lee uit, schrijver van een hele reeks Afrikaboeken.
- Terra Lannoo – Kleine reisboekenuitgeverij, onder andere van het reisverhalenwerk van I. de Vos.
- Tournesol – Kleine uitgeverij die veel reisboeken uitgeeft, onder andere van Frank de Zanger.

Bronnen

Arita Baaijens, *Een regen van eeuwig vuur.* Amsterdam: Contact, 1993

Carolien van Bergen, *Over de grens: filosofie op reis.* Amsterdam: Damon, 2005

Ian Buruma, *Gods Gruis.* Amsterdam: De Arbeiderspers, 1990

Bill Bryson, *Overal en nergens.* Vert. Jean Schalekamp. Amsterdam: Amber, 1992

Bill Bryson, *Het Verloren Continent.* Vert. Jean Schalekamp. Amsterdam: Amber, 1989

Robert Burton, *Anatomy of Melancholy.* Inleiding William H. Gass. New York: NYRB Classics, 2001

Dino Buzzati, *De Ronde van Italië.* Vert. Tineke van Dijk. Utrecht: Veen, 1983

Italo Calvino, *De onzichtbare steden.* Vert. Henny Vlot. Amsterdam: Bert Bakker, 1981

Bruce Chatwin, *Anatomie van de rusteloosheid.* Vert. Aad van der Mijn. Amsterdam: Bert Bakker, 1995

Bruce Chatwin, *De gezongen aarde.* Vert. Peter van Oers. Amsterdam: Bert Bakker, 1988

Thurston Clarke, *Volg de evenaar.* Vert. Babet Mossel. Houten: Het Wereldvenster, 1990

Sean Condon, *My 'Dam life: Three years in Holland.* Melbourne: Lonely Planet, 2003

Jan Donkers, *Reizen maakt rijk.* Amsterdam: De Harmonie, 1991

Jan Donkers, *De tweede Amerikaanse eeuw.* Amsterdam: Atlas, 2004

Jan Donkers, *Standplaats Mexico.* Amsterdam: Jan Mets, 1992

Norman Douglas, *Old Calabria.* Londen: Century Publishing, 1983
James Fenton, *In het verre oosten.* Vert. Frank van Dixhoorn. Utrecht: Veen, 1990
Gustave Flaubert, *Reis door de Oriënt.* Vert. Chris van de Poel. Amsterdam: Atlas, 2004
Erik Nieuwenhuis, 'Ik ben niet zo'n reiziger, ik kom liever aan.' (Interview met José Franssen) *Schrijven* van mei/juni 1999
Aly Freije, 'De verhalende en de zingende stem.' *Schrijven* van mei/jun 1998
Martha Gellhorn, *Van de grond af gezien.* Vert. Kees Helsloot en Leo Huisman. Amsterdam: Amber, 1991
Don George, *Travel Writing.* Melbourne: Lonely Planet, 2005
David Grossman, *The Yellow Wind.* Londen: Pan Books, 1989
Herodotos, *Het verslag van mijn onderzoek.* Vert. Hein van Dolen. Nijmegen: Sun, 1995
Henk Hofland, *De wording van het wilde Oosten.* Amsterdam: Bert Bakker, 1991
J-K. Huysmans, *Tegen de keer.* Vert. Jan Siebelink. Amsterdam: Athenaeum-Polak & Van Gennep, 1977
Ibn Battoeta, *De reis.* Vert. Richard van Leeuwen. Amsterdam: Bulaaq, 1997
Lieve Joris, *De melancholieke revolutie.* Amsterdam: Augustus, 2006
Lieve Joris, *Terug naar Congo.* Amsterdam: Augustus, 2006
Lieve Joris, *De poorten van Damascus.* Amsterdam: Augustus, 2005
Ryszard Kapuściński, *De keizer.* Vert. Pszisko Jacobs. Haarlem: In de Knipscheer, 1998
Ryszard Kapuściński, *De voetbaloorlog.* Vert. Gerard Rasch. Amsterdam: De Arbeiderspers, 1991
Ryszard Kapuściński, *Imperium.* Vert. Gerard Rasch. Amsterdam: De Arbeiderspers, 1993
Ryszard Kapuściński, *Ebbenhout.* Vert. Gerard Rasch. Amsterdam: De Arbeiderspers, 2000
Ryszard Kapuściński, *Reizen met Herodotos.* Vert. Ewa van den Bergen-Makala. Amsterdam: De Arbeiderspers, 2005

Mary Kingsley, *Reizen in West-Afrika.* Vert. Studio Imago. Amsterdam: Sirene, 2003
William Least Heat Moon, *Blauwe Wegen.* Vert. Amsterdam: Bert Bakker, 1984
Ton Lemaire, *Binnenwegen.* Baarn: Ambo, 1988
Bernard-Henri Lévy, *Duizelingwekkend Amerika.* Vert. Ineke Mertens. Breda: De Geus, 2007
Norman Lewis, *Stemmen van de oude zee.* Vert. Marijke Versluys. Amsterdam: Atlas, 1994
Norman Lewis, *The Missionaries.* Londen: Secker & Warburg, 1988
Xavier de Maistre, *Reis door mijn kamer.* Vert. Paul de Bruin. Amsterdam: Voetnoot, 1995
Tim Mackintosh-Smith, *Reizen in de voetnoten van Ibn Battoeta.* Vert. Paul van der Lecq. Amsterdam: Atlas, 2004
Tim Mackintosh-Smith, *Zaal der duizend zuilen.* Vert. Ankie Klootwijk en Ernst de Boer. Amsterdam: Atlas, 2007
V.S. Naipaul, *Onder de gelovigen.* Vert. Tinke Davids. Amsterdam: De Arbeiderspers, 1982
V.S. Naipaul, *Het diepe zuiden.* Vert. Tinke Davids. Amsterdam: De Arbeiderspers, 1989
Eric Newby, *A book of Travellers' Tales.* New York: Collins, 1985
Minka Nijhuis, *Een theehuis in de jungle.* Amsterdam: Contact, 1995
Minka Nijhuis, *Het huis van Khala.* Amsterdam: Contact, 2004
Cees Nooteboom, *De omweg naar Santiago.* Amsterdam: Atlas, 1992
P.J. O'Rourke, *Vakanties in de hel*, Vert. Peter Elberse. Amsterdam: Bert Bakker, 1990
Manon van Ossevoort, *Op de tractor naar de Zuidpool.* Breda: De Geus, 2007
Blaise Pascal, *Gedachten.* Vert. J.A.C. Lenders. Utrecht: Het Spectrum, 1962
Robert Pirsig, *Zen en de kunst van het motoronderhoud.* Vert. Ronald Jonkers. Amsterdam: Contact, 1976
Linda Polman, *Bot pippel.* Amsterdam: Atlas, 1993

Jonathan Raban, *Hunting Mister Heartbreak*. Londen: Collins Harvell, 1990
Jonathan Raban, 'Amsterdam.' *Atlas* no. 2, 1991: 121-145
Rudi Rotthier, *Het land dat zichzelf bemint*. Amsterdam: Atlas, 2005
Alex Shoumatoff, *Afrikaanse gekte*. Vert. Rob van Moppes. Amsterdam: Amber, 1989
Louis Stiller, 'Weg: Imaginaire en echte reisverhalen.' *Schrijven* juni/juli 2001
Paul Theroux, *De grote spoorwegcarrousel*. Vert. Cor Koreman. Amsterdam: Atlas, 1979
Paul Theroux, *De oude Patagonië-Expres*. Vert. Tinke Davids. Amsterdam: Atlas, 1997
Paul Theroux, *Hotel Honolulu*. Vert. Tinke Davids. Amsterdam: Atlas, 2003
Paul Theroux, *Mijn andere ik*. Vert. Tinke Davids. Amsterdam: Atlas, 1996
Paul Theroux, *Dark Star Safari*, Vert. Tinke Davids. Amsterdam: Atlas, 2003
Wilfred Thesiger, *De Moeras-Arabieren*. Vert. Tinke Davids. Amsterdam: Atlas, 2003
Chuck Thompson, *Smile when you're lying: Confessions of a Rogue Travel Writer*. New York: Holt, 2008
Colin Thubron, Reis door Cyprus. Vert. Paul Syrier. Amsterdam: Atlas, 2005
Anton Tsjechov, *De reis naar Sachalin*. Vert. Anita Roeland. Amsterdam: Atlas, 2004
Carolijn Visser, *Buigend Bamboe*. Amsterdam: Augustus, 2005
Carolijn Visser, *Tibetaanse perziken*. Amsterdam: Augustus, 2003
Nell Westerlaken, *Het paviljoen van meneer Mofid*. Breda: De Geus, 2007
Gavin Young, *Slow Boats to China*. Harmondsworth: Penguin, 1983
Gavin Young, *Per boot naar China*. Vert. Parma van Loon. Amsterdam: Pandora, 1997